Inhalt

100% übersichtlich

Entdecken Sie 100% Hamburg auf sechs Spaziergängen. Jedes Kapitel im 100% Cityguide ist einem Spaziergang gewidmet. Am Kapitelende finden Sie eine Karte mit der Kurzbeschreibung des Spaziergangs. Auf der Karte in der vorderen Umschlagklappe sehen Sie die sechs Kartenausschnitte im Überblick. Dort finden Sie anhand der Buchstaben Ⓐ bis Ⓩ alle Hotels sowie die Sehenswürdigkeiten und Ausgehtipps, die nicht auf einem der Spaziergänge liegen.

In den sechs Kapiteln beschreiben wir ausführlich, welche Sehenswürdigkeiten Sie auf den Spaziergängen entdecken können und wo man gut essen, trinken, shoppen, feiern und relaxen kann. Alle Adressen sind mit einer Nummer ① gekennzeichnet, die Sie im Stadtteilplan am Ende des Kapitels wiederfinden. An der Farbgebung der Nummer können Sie erkennen, zu welcher Kategorie die jeweilige Adresse gehört:

● Sehenswürdigkeiten	● Shoppen
● Essen & Trinken	● 100% there

SECHS SPAZIERGÄNGE

Zu jedem Kapitel gehört ein Spaziergang, der – ohne Besuch der genannten Adressen – ungefähr drei Stunden dauert. Die Länge der Strecke (in km) finden Sie über der Wegbeschreibung und auf den einzelnen Stadtteilplänen sehen Sie den genauen Verlauf der Route. Die Beschreibung neben dem Stadtplan führt Sie entlang der Sehenswürdigkeiten zu den schönsten Adressen. So entdecken Sie fast nebenbei die besten Shopping-Gelegenheiten, die nettesten Restaurants und die angesagtesten Cafés und Bars. Wer irgendwann keine Lust mehr hat, der Route zu folgen, kann aufgrund der ausführlichen Tipps und Pläne auch wunderbar auf eigene Faust Entdeckungen machen.

PREISANGABEN FÜR HOTELS UND RESTAURANTS

Um Ihnen eine Vorstellung von den Preisen in den Hotels und Restaurants zu geben, finden Sie bei den Anschriften stets auch die Preise. Die Angaben für Hotels beziehen sich auf ein Doppelzimmer mit Frühstück pro Nacht, es sei denn, es ist etwas anderes angegeben. Die Angaben für die Restaurants nennen – wenn nicht anders verzeichnet – den Durchschnittspreis eines Hauptgerichts.

TRADITIONEN

Moin Moin! Diese Begrüßung gilt hier den ganzen Tag. Es ist Plattdeutsch, ein mit dem Friesischen verwandter Dialekt, und bedeutet "schön". Nicht viele Hamburger sprechen den Dialekt, die meisten streuen hier und da nur einzelne Wörter ein.

Die Hamburger sind echte Lebensgenießer und lieben es, essen zu gehen. Die meisten Lokale bieten Frühstück an, besonders beliebt aber ist das Brunchen, auch während der Woche. Zwischen 9 und 14 Uhr sind die meisten Büfetts geöffnet. Die Qualität stimmt eigentlich immer, nur die Preise sind sehr unterschiedlich (5-15 Euro). Kinder bis zu sechs Jahren frühstücken und brunchen häufig gratis mit. Von 12 bis 15 Uhr gibt es in vielen Restaurants Mittagstisch, der oft viel günstiger ist als die Abendkarte. Von 15 bis 18 Uhr ist es Zeit für Kaffee und Kuchen, und die Freunde der Kaffeetafel strömen zahlreich in die entsprechenden Lokale. Abends gibt es internationale Spezialitäten, auf den meisten Menükarten in Hamburg spürt man aber auch den Stolz auf die norddeutsche Küche. Die hippsten Restaurants lassen sich immer mehr von den alten Seemannsgerichten inspirieren und servieren zum Beispiel moderne Versionen des Labskaus (Kartoffelpüree, Pökelfleisch, Zwiebeln und Rote Beete mit Hering und Spiegelei).

Die Restaurants in Hamburg sind inzwischen alle rauchfrei, auch die Cafés, Kneipen, großen Clubs und Cocktailbars. In kleineren Clubs, Kneipen und Cafés darf bis auf ein paar Ausnahmen noch geraucht werden.

Viele Kneipen und Restaurants haben keine festen Schließzeiten. Bei den entsprechenden Adressen in diesem 100% Cityguide ist jeweils nur angegeben, wann die Lokale öffnen. Geschäfte sind montags bis freitags bis etwa 19 Uhr geöffnet, im Zentrum bis 20 Uhr. Samstags schließen die meisten Läden um 16 Uhr. Am Sonntag sind alle großen Geschäfte und Supermärkte geschlossen. Lediglich an den großen Bahnhöfen sind die Läden auch sonntags geöffnet.

GESETZLICHE FEIERTAGE

An den Feiertagen sind auch in Hamburg die meisten Läden geschlossen und die Öffnungszeiten der Sehenswürdigkeiten können abweichen. Neben den variablen kirchlichen Feiertagen Karfreitag, Ostermontag, Christi Himmelfahrt, Pfingsten und Weihnachten gelten in Hamburg dieselben offiziellen Feiertage wie im übrigen Deutschland. Zu beachten ist lediglich, dass man das Schanzenviertel am 1. Mai wegen der jährlichen Krawalle abends besser meiden sollte.

FESTIVALS UND VERANSTALTUNGEN

Vor allem in den Sommermonaten finden viele Film-, Kunst- und Musikfestivals statt, siehe *www.hamburg.de/strassenfest*.

Tanz in den Mai

Früher wurden am 30. April böse Geister verjagt, heute zieht die ganze Stadt in die Clubs und tanzt in den 1. Mai hinein.

Hafengeburtstag (*www.hamburg.de/hafengeburtstag*)

Das größte Hafenfest der Welt! Um den 7. Mai herum wird drei Tage lang mit Liveauftritten, einer Schiffsparade und einem großen Feuerwerk gefeiert.

ELBJAZZ Festival (*www.elbjazz.de*)

Dreitägiges internationales Jazzfestival. Ende Mai sind zehn Bühnen an traumhaften Orten im und um den Hamburger Hafen herum aufgebaut.

Kirschblütenfest (*www.hamburg.de/kirschbluetenfest-hamburg*)

Mit dem Kirschblütenfest Ende Mai wird nach japanischer Tradition der Frühlingsanfang gefeiert. Am Freitagabend des Festwochenendes gibt es traditionell ein beeindruckendes Feuerwerk auf der Alster.

Weihnachtsmarkt (*www.hamburg.de/weihnachtsmarkt*)

Von Ende November bis Weihnachten ist das Stadtzentrum voller Weihnachtsmärkte. Der größte befindet sich auf dem Rathausmarkt, der schickste auf dem Jungfernstieg, der gemütlichste auf dem Gänsemarkt.

HABEN SIE NOCH TIPPS?

Wir haben diesen Reiseführer mit großer Sorgfalt zusammengestellt. Da das Angebot an Geschäften und Restaurants in Hamburg jedoch regelmäßig wechselt, kann es sein, dass eine Empfehlung nicht mehr existiert. Besuchen Sie in diesem Fall oder wenn Sie andere Anmerkungen oder Fragen zu diesem 100% Cityguide haben, unsere Webseite *www.100travel.de/hamburg* oder schreiben Sie uns an *info@momedia.com*. Wir freuen uns über Ihre Hinweise, neue Tipps und natürlich auch Fotos. Posten Sie diese gerne auf unserer facebook fanpage: *facebook.com/100travel*.

Last but not least möchten wir noch bemerken, dass keine der vorgestellten Adressen für ihre Erwähnung bezahlt hat, weder für den Text noch für die Fotos. Alle Texte wurden von einer unabhängigen Redaktion geschrieben.

Hotels

Ob privates Gästezimmer, kuschelige Pension oder Luxussuite im Designhotel – in Hamburg bleiben keine Wünsche offen. Die Zahl der Hansestadt-Touristen steigt immer weiter, und damit nimmt auch das Hotelangebot zu. Besonders die günstigen Designhotels sind auf dem Vormarsch. Sie liegen nicht im Zentrum, sondern in den angrenzenden Stadtvierteln. Eine Online-Buchung bringt oft einen ansehnlichen Rabatt. Und auf der Webseite der Hotels selbst gibt es vielleicht auch noch ein Sonderangebot zu entdecken.

Hier nun eine Auswahl von Hotels verschiedener Preisklassen: von einfach und erschwinglich bis sehr ausgefallen und teuer. Sie sind in Preiskategorien eingeteilt, die entsprechenden Buchstaben sind auf dem Übersichtsplan vorne im 100% Cityguide vermerkt. Einige weitere gute Hotels finden Sie auf *www.100travel.de*.

GÜNSTIGE PREISKLASSE

Ⓐ Lässig das Design, easy-going die Devise. Die Zimmer von Hotel/Hostel/Lounge **Superbude** sind frisch und modern eingerichtet. Jedes Zimmer hat seine eigene Farbe und ist witzig möbliert, zum Beispiel gibt es Hocker aus Astra-Bierkästen. Im World-Wide-Wohnzimmer trifft man andere Leute zum Quatschen. Das coole Designhotel für den kleinen Geldbeutel liegt am Rand des lebhaften Schanzenviertels und St. Pauli. Und nicht weit vom Hauptbahnhof, im Stadtteil St. Georg, gibt es noch eine weitere Superbude.
juliusstraße 1-7, www.superbude.de, telefon: 040 807915820, preis: ab 60 €, u-bahn: feldstraße

Ⓑ Wohnen wie ein Hamburger? Im Bed & Breakfast **Quartier** geht das. Die drei Zimmer, die das Ehepaar Römer vermietet, liegen im Souterrain eines renovierten Herrenhauses in einer der schönsten Straßen von Eimsbüttel. Die Zimmer sind hell und geschmackvoll eingerichtet. Die Umgebung ist ruhig, und trotzdem ist das angesagte Schanzenviertel ganz in der Nähe. Direkt neben dem Quartier befindet sich ein vergleichbares B&B namens STAY (*www.stay-in-hamburg.de*).
weidenstieg 9b (souterrain), www.quartier-im-quartier.de, telefon: 040 32841551, preis: ab 65 €, u-bahn: christuskirche

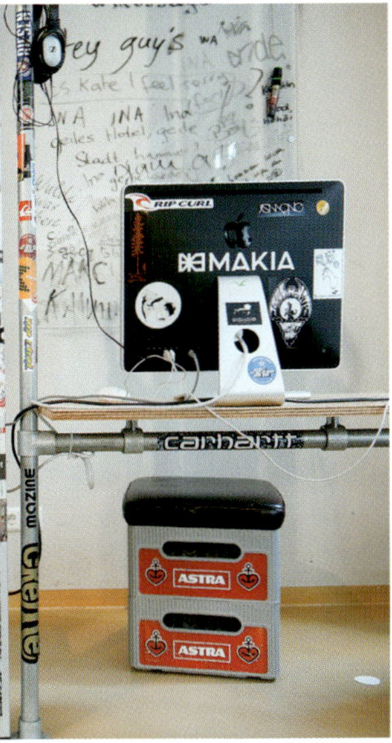

SUPERBUDE Ⓐ

MITTLERE PREISKLASSE

Ⓒ Im Garten eines zum Café-Restaurant umgebauten Krankenhauses aus dem späten 19. Jahrhundert liegt **Hadley's B&B** mit vier Zimmern. Eines davon ist extragroß für bis zu fünf Personen. Die Einrichtung ist stilvoll und persönlich, mit Holzböden und Accessoires. Gefrühstückt wird im Zimmer, im Garten oder im Café. Das Bed & Breakfast liegt im Stadtteil Rotherbaum, mit der U-Bahn sind es fünf Minuten ins Zentrum, zu Fuß an der Alster entlang fünfzehn Minuten.
beim schlump 85, www.hadleys.de, telefon: 040 859477, preis: ab 90 €, u-bahn: schlump

GASTWERK HOTEL

Ⓓ Ob Medium, Large oder Kapitäns-Koje, in jedem der 170 Zimmer des **25hours Hotel HafenCity** ist das Thema Seefahrt in liebevoll ausgewählten Details präsent. Es gibt eine Hafensauna, eine iPod-Dockingstation auf dem Zimmer und einen kostenlosen Mini Cooper- und Fahrradverleih. Das Hotel liegt direkt in der HafenCity, dem neuen Hotspot der Stadt, nur 10 Minuten zu Fuß vom Zentrum entfernt.
❶ Auch das **25hours Hotel Number One**, im Stil der 60er und 70er-Jahre, wurde von einem erlesenen Architekten- und Designerteam gestaltet. Es befindet sich im Hamburger Westen an der Grenze zum angesagten Stadtteil Ottensen. Gönnen Sie sich unbedingt einen Drink auf der Dachterrasse!
überseeallee 5 (hafencity), www.25hours-hotels.com/hamburg, telefon: 040 2577770, preis: ab 95 €, u-bahn: überseequartier

Ⓔ Jung und weltoffen? Dann ist das freundliche **YoHo** (the Young Hotel) genau richtig. In der 100 Jahre alten Jugendstilvilla sind die Zimmer zeitlos und modern eingerichtet. Toll: Hotelgäste unter 26 Jahren bekommen Rabatt. Das Essen im syrischen Restaurant Mazza schmeckt prima, und das hippe Schanzenviertel liegt direkt vor der Tür.
moorkamp 5, www.yoho-hamburg.de, telefon: 040 2841910, preis: ab 109 €, u-bahn: christuskirche

Ⓕ **Das kleine Schwarze** ist Bed & Breakfast und Fotogalerie in einem, und das Ehepaar Merz teilt seine Leidenschaft für Kunst gerne mit den Gästen. Das Haus mit schwarzem Anstrich in der ruhigen Kastanienallee in Eimsbüttel sticht gleich ins Auge. Neben den modern eingerichteten Zimmern gibt es auch einen Garten mit einem Wohnwagen zum Übernachten.
tornquiststraße 25, www.das-kleine-schwarze.com, telefon: 040 23939911, preis: ab 95 €, u-bahn: christuskirche, emilienstraße

Ⓖ Das elegante **Hotel Wedina** ist eher ein Kulturhaus als ein Hotel. Hier, wo viele deutsche und ausländische Schriftsteller übernachteten und sich inspirieren ließen, trifft heute Literatur auf Architektur. Die Zimmer sind auf vier Wohnhäuser mit jeweils individueller Atmosphäre verteilt. Der Ort ist einfach perfekt: in einer ruhigen Straße, die die Alster mit der turbulenten Langen Reihe verbindet, im Viertel St. Georg am Rand des Zentrums.
gurlittstraße 23, www.hotelwedina.de, telefon: 040 2808900, preis: ab 125 €, u-bahn: hauptbahnhof nord

Ⓚ HOTEL ABTEI

Ⓗ Wo früher Kohlen für ein Gaswerk lagerten, steht heute das **Gastwerk Hotel**, ein beeindruckender Mix aus Alt und Neu. Die 141 Zimmer in sechs Kategorien sind bis in den letzten Winkel eine absolute Augenweide, mit großen Bädern und teilweise Original-Backsteinmauern. Ein Mini Cooper kann gratis benutzt werden. Im ebenso schönen Restaurant Mangold mit Bar und Lounge sind alle Mahlzeiten ein Genuss! Und das Day Spa verspricht Entspannung nach einem langen Sightseeing-Tag.
beim alten gaswerk 3, www.gastwerk.com, telefon: 040 890620, preis: ab 120 €, s-bahn: bahrenfeld

Ⓘ Im wilden St. Pauli ist der imposante Designerturm des Hotels **Empire Riverside** ein unerwarteter Anblick. Der britische Architekt David Chipperfield ließ sich für das Gebäude von modernen Kreuzfahrtschiffen inspirieren. So liegt das schöne Bauwerk auch direkt an der Elbe, und die meisten Zimmer haben eine spektakuläre Aussicht auf das Wasser und den Hafen. Das Abendprogramm? Zuerst einen Drink in der 20up Skybar im 20. Stock und dann ab auf die Reeperbahn.
bernhard-nocht-straße 97, www.empire-riverside.de, telefon: 040 311190, preis: ab 120 €, s-bahn: reeperbahn, u-bahn/s-bahn: landungsbrücken

GEHOBENE PREISKLASSE

Ⓙ Das **East Hotel** ist zwischen den vielen zwielichtigen Clubs und Hotels auf der Reeperbahn eine Oase der Eleganz. Eine alte Eisengießerei wurde in einen hippen Designkomplex verwandelt, wo es nicht nur ein Hotel mit Wellnesszentrum gibt, sondern auch ein Restaurant und die Yakshi's Bar. Dort nippt Hamburg am Wochenende an seinen Cocktails.
simon-van-utrecht-straße 31, www.east-hamburg.de, telefon: 040 309930, preis: ab 160 €, s-bahn: reeperbahn, u-bahn: st. pauli

Ⓚ Schöner und romantischer kann man in Hamburg nicht übernachten. Das **Hotel Abtei** ist charmant, klassisch und liegt in einem superschicken Wohnviertel, einen Katzensprung von der Alster entfernt. Nach einem Aperitif am offenen Kamin wird unten im Restaurant Prinz Frederik ein königliches Mahl serviert.
abteistraße 14, www.abtei-hotel.de, telefon: 040 442905, preis: ab 190 €, u-bahn: klosterstern

Ⓛ Mitten in der Stadt, zwischen Gänsemarkt und Staatsoper, liegt das hypermoderne, luxuriöse Design-Hotel **SIDE**. Seinen fünf Sternen wird es mehr als gerecht – mit einer Lichtinstallation in der Lobby, 168 hellen, pastellfarbenen Designerzimmern, zehn "schwebenden" Zimmern mit verblüffender Aussicht, einem knallbunten Wellnessraum, der schönen Skylounge und einem der besten Restaurants der Stadt: [m]eatery.
drehbahn 49, www.side-hamburg.de, telefon: 040 309990, preis: ab 170 €, u-bahn: gänsemarkt

Unterwegs

Von Hamburgs einzigem **Flughafen** im Norden der Stadt aus ist man mit der S-Bahn in 25 Minuten am Hauptbahnhof. Das ist der schnellste und günstigste Weg ins Zentrum. Die Züge fahren alle zehn Minuten und eine Fahrkarte kostet etwa 3 Euro.

Internationale **Züge** kommen am Hauptbahnhof an. Alle S- und U-Bahn-Linien fahren vom Hauptbahnhof, der in Nord und Süd unterteilt ist.

Fahrkarten (*www.hvv.de*) gibt es an Automaten an den Haltestellen. Für kurze Fahrten kauft man ein Kurzstreckenticket (1,50 Euro), für bis zu zwei Zonen ein Nahbereichticket (2 Euro) und innerhalb der Zonen A und B ein Großbereichticket (3 Euro). Die Tickets gelten immer für eine Fahrt und müssen nicht mehr gestempelt werden. Ideal sind die 9-Uhr-Tageskarte (5,90 Euro, gültig von 9.00 bis 6.00 Uhr am nächsten Tag), die 9-Uhr-Gruppenkarte (10,80 Euro, für bis zu fünf Personen) oder die 3-Tage-Karte (22,90 Euro, am Tag des Kaufs plus zwei weitere Tage gültig). Diese Karten gelten auch für Bus und Fähre. Unter der Woche fahren die U- und S-Bahnen bis etwa 0.30 Uhr, freitags und samstags die ganze Nacht hindurch.

In der Stadt fährt man am besten mit der **U-Bahn** oder **S-Bahn**, aber auch mit den **Bussen** klappt es prima. Eine Busfahrkarte kauft man im Bus selbst für 2 Euro. Nachtbusse sind an der 600-Nummer zu erkennen.

Auto: Für Hamburg braucht man im Gegensatz zu vielen anderen Großstädten in Deutschland keine Umweltplakette. Außerhalb des Zentrums ist das Parken meist gratis.

Taxen können auf der Straße angehalten oder telefonisch bestellt werden. Der Startpreis liegt bei 3,50 Euro, dazu kommt bei kurzen Strecken ein Tarif von ungefähr 1,85 Euro pro Kilometer. Die beiden größten Taxizentralen sind Taxi Hamburg (040 666666) und Hansa Taxi (040 211211).

Hamburg hat ein großartiges Fahrradleihsystem: die roten **Stadträder** (*www.stadtrad.hamburg.de*). Mit der Kreditkarte ist bei der Stadtradstation schnell ein Konto eingerichtet. Die erste halbe Stunde ist gratis, danach

bezahlt man 0,08 Euro pro Minute, bis maximal 12 Euro. Das ist auch der Mietpreis für einen Tag (24 Stunden).

Eine schöne Möglichkeit, in Hamburg von A nach B zu gelangen, bietet die **Fähre** (*www.hadag.de/hafenfaehren.html*). Hauptanleger der Hadag-Hafenfähre sind die Landungsbrücken. Linie 62 ist die wichtigste, sie fährt Fischmarkt, Dockland, Neumühlen/Övelgönne (Elbstrand) und Finkenwerder an. Fahrräder dürfen mit an Bord genommen werden. Die Fähre verkehrt von etwa 6.00 bis 23.00 Uhr, tagsüber alle 15 Minuten und abends jede halbe Stunde. Tipp: eine Kombitour – zum Elbstrand radeln und nach Sonnenuntergang mit der Fähre zurückfahren.

Altstadt, Neustadt & St. Georg

Historisch und schick, Alsterflair und Schwulenszene

Die Innenstadt von Hamburg besteht aus zwei Teilen, die von einem Binnengewässer, der Alster, getrennt werden: Neustadt und Altstadt. Das prächtige Rathaus bildet den Mittelpunkt beider Stadtteile.

Beim Großen Brand von Hamburg 1842 wurde ein Viertel der damaligen Stadt zerstört, bedeutende Gebäude wie das Rathaus und zwei Hauptkirchen sind komplett abgebrannt. Dadurch erhielt Hamburg die Gelegenheit, die Infrastruktur zu erneuern. Kennzeichnend für die "Post-Brand-Architektur" sind klassische Formen, die an italienische Städte erinnern. An manchen Gebäuden ist auch eine Rundbogen-Architektur erkennbar, zum Beispiel an den Alsterarkaden am Schwanensee neben dem Rathaus.

Heute sind Neustadt und Altstadt bedeutende Einkaufs- und Geschäftsviertel, Wohnhäuser gibt es dort kaum. Viele Banken, Versicherungsgesellschaften und Verlage haben hier ihren Sitz. Kein Wunder, dass die zahlreichen schicken

1

Restaurants nach Büroschluss gut besucht sind. Mönckebergstraße und Spitalerstraße sind Einkaufsmeilen mit großen Ladenketten. Dennoch stehen hier auch schöne Gebäude wie das Levantehaus – ein Blick nach oben lohnt sich also. Am Neuen Wall und in den Großen Bleichen trifft sich die High-Society zum Luxus-Shopping. Hier präsentieren sich die großen Designermarken sowie das schicke Alsterhaus.

Ein See mitten in der Stadt: Die Alster besteht aus zwei Teilen, nämlich der kleineren Binnenalster und der größeren Außenalster mit einem Umfang von 7,5 Kilometern. Am Ende der Binnenalster liegt der bekannte Jungfernstieg; eine wunderbare Promenade zum Flanieren, Einkaufen, Kaffeetrinken und als Startpunkt für eine Bootsrundfahrt.

Das Zentrum von St. Georg ist die Lange Reihe, Herz des Schwulenviertels. Hier gibt es viele Kneipen, Restaurants und Geschäfte. Der hohe Anteil der ausländischen Einwohner sorgt für ein einzigartiges Multi-Kulti-Flair.

6 Insider-Tipps

Gängeviertel

Den von Künstlern besetzten Häuserblock anschauen.

Rathaus

Die norddeutsche Renaissance bestaunen.

a.mora

Auf dem Alstersteg die Atmosphäre genießen.

Hamburger Kunsthalle

Rembrandt und Rodin bewundern.

Mutterland

Feinste Delikatessen probieren.

Alsterkreuzfahrt

Die romantische Seite der Alster entdecken.

- Sehenswürdigkeiten
- Shoppen
- Essen & Trinken
- 100% there

Sehenswürdigkeiten

(7) Zwischen den modernen Büros der schicken Innenstadt liegt ein alternatives Hausbesetzerviertel mit zwölf historischen Gebäuden. 1996 wurde das **Gängeviertel** nach ewigem Leerstand besetzt, seitdem wohnen und arbeiten dort Künstler. Die heruntergekommenen Häuser sind bunt angemalt, und es sprüht nur so vor Kreativität. Schlendern Sie durch das Viertel und schauen Sie auch mal in ein Haus hinein! Die Bewohner sind sehr hilfsbereit und erzählen Ihnen gerne mehr über die Geschichte des Viertels und ihr Projekt. Am Valentinskamp gibt es einen Infoshop.
zwischen valentinskamp, speckstraße und caffamacherreihe, www.das-gaengeviertel.info, geöffnet: geöffnet: infoshop di-so 15.00-17.00, u-bahn: gänsemarkt

(19) Das noch ziemlich junge **Bucerius Kunstforum** befindet sich im neoklassizistischen, ehemaligen Bankgebäude neben dem Rathaus. Jedes Jahr zeigt das Kunstforum vier hochwertige Ausstellungen von renommierten Kuratoren mit Werken von der Antike bis heute. Hier befindet sich auch das Restaurant Season mit 'fit fast fresh food', wo Sie ein ausgiebiges Buffet für einen 'All You Can Eat'-Preis von 14,50 € erwartet.
rathausmarkt 2, www.buceriuskunstforum.de, telefon: 040 3609960, geöffnet: mo-mi & fr-so 11.00-19.00, do 11.00-21.00, eintritt: 8 €, u-bahn: rathaus

(20) Hamburgs Stolz ist das monumentale **Rathaus** im norddeutschen Renaissancestil, das inzwischen fünfte der Stadtgeschichte. Frühere Rathäuser wurden durch Kriege sowie den verheerenden Brand im Jahr 1824 zerstört. Die reich geschmückten Säle sind auf jeden Fall einen Besuch wert, ebenso der Innenhof mit dem schönen Springbrunnen. Auf dem Rathausplatz findet im Winter der größte Weihnachtsmarkt Hamburgs statt.
rathausmarkt 1, telefon: 040 428312064, geöffnet: täglich 10.00-19.00, eintritt: frei, führung 3 €, u-bahn: rathaus

(25) Die ursprünglich gotische **St. Petri Hauptkirche** wurde nach dem Brand von 1842 im neogotischen Stil wieder aufgebaut. Die meisten Kunstwerke sind glücklicherweise erhalten geblieben, und das gotische Madonnenbild von 1470 ist noch immer zu bewundern. Auch der bronzene Löwenkopftürklopfer von 1342, das bekannteste Kunstwerk der Kirche und das älteste der Stadt, ist noch intakt. Er befindet sich an der linken Kirchentür zum Turm.
bei der petrikirche 2, www.sankt-petri.de, telefon: 040 3257400, geöffnet: mo-di & do-fr 10.00-18.30, mi 10.00-19.00, sa 10.00-17.00, so 9.00-20.00, eintritt: frei, u-bahn: mönckebergstraße, rathaus

(26) Das **Levantehaus** von 1912, benannt nach seinem ersten Mieter, der Deutschen Levante Schifffahrts-Linie, ist ein typisches Beispiel eines Hamburger Kontorhauses aus dem frühen 20. Jahrhundert. Das Gebäude beeindruckt mit seiner prächtigen Fassade und im Inneren lädt – mit Glas überdacht – eine luxuriöse, reich verzierte Passage zum Shoppen ein. Insgesamt beherbergt das Levantehaus vierzig exklusive Geschäfte, tolle Cafés und Restaurants, darunter das authentische Kaffeehaus **Die Rösterei** (*www.die-roesterei.com*) und das hervorragende österreichische Restaurant **Tschebull** (*www.tschebull.de*). Auch das Luxushotel Park Hyatt ist hier vertreten.
mönckebergstraße 7, www.levantehaus.de, telefon: 040 326816, geöffnet: mo-fr 10.00-19.00, sa 10.00-18.00 (einige geschäfte und lokale auch länger), u-bahn: mönckebergstraße, u-bahn/s-bahn: hauptbahnhof

(28) Die **Hamburger Kunsthalle** ist das bedeutendste Kunstmuseum Hamburgs. Die Sammlung umfasst Kunst vom Mittelalter bis heute, mit Schwerpunkt auf der deutschen Romantik (19. Jh.). Werke von Rembrandt, Monet und Rodin können hier bestaunt werden. Das 1997 eröffnete Nebengebäude zeigt moderne Kunst ab den Sechzigerjahren mit Werken von Richard Serra, Sigmar Polke und Baselitz. Bei einem so großen und ausgefallenen Kunstangebot ist für jeden Geschmack etwas dabei.
glockengießerwall, www.hamburger-kunsthalle.de, telefon: 040 428131200, geöffnet: di-mi & fr-so 10.00-18.00, do 10.00-21.00, eintritt: 12 €, u-bahn/s-bahn: hauptbahnhof

RATHAUS 20

Essen & Trinken

① '**Die Erste Liebe** ... vergisst man nicht' lautet der vollständige Name dieser kreativen Bar. Die Einrichtung der Erste Liebe Bar ist minimalistisch-schick, mit Grafikdesign an den Wänden sowie wechselnden Ausstellungen. Neben Kaffee gibt es auch leckeren Tee (z. B. Ingwer-Minze-Orangentee), Sandwiches und Biomüslis.
michaelisbrücke 3, www.ersteliebebar.de, telefon: 040 36901808, geöffnet: mo-fr 9.00-20.00, sa 10.00-18.00, preis: snack 5 €, u-bahn: rödingsmarkt

⑤ Stahlelemente, zwei große Tresore und eine mit Kreditkartennummern dekorierte Bar erinnern daran, dass die Brasserie **Die Bank** früher eine Hypothekenbank war. Die Atmosphäre ist international und modern, viele Geschäftsleute treffen sich hier zum Mittag- oder Abendessen. Sternekoch Thomas Fischer bereitet zwar hochpreisige, dafür aber auch sehr hochwertige und abwechslungsreiche Gerichte zu.
hohe bleichen 17, www.diebank-brasserie.de, telefon: 040 2380030, geöffnet: mo-sa 11.30-23.00, preis: 29 €, u-bahn: gänsemarkt

⑧ Schicke Bio-Fastfood-Restaurants wie das **Waku Waku** liegen in Hamburg stark im Trend. "Waku" ist japanisch und bedeutet "heiß angebraten" und "spannend", und spiegelt das Konzept des Restaurants wider. Am langen Tisch in der Mitte oder in einer der Nischen genießen Sie Ihre asiatischen Wok-Gerichte. Helles Holz und riesige Schränke mit Bio-Delikatessen beherrschen das designpreisverdächtige Interieur. Ein Konzept mit Zukunft.
dammtorstraße 29-33, www.waku-waku.eu, telefon: 040 36097875, geöffnet: mo-sa 11.00-21.00, preis: 8 €, u-bahn: rathaus

⑩ **Mama** ist die moderne Variante der traditionellen Trattoria. Der Name huldigt allen italienischen, kochlöffelschwingenden Mamas. Schönes Detail: Die Namen der Mamas, die als Inspiration für das Restaurant dienten, sind auf den Wänden verewigt. Im modern eingerichteten Selbstbedienungs-Restaurant gibt es einfache, aber schmackhafte biologische Panini, Pasta, Pizza und Salate. Eine weitere Mama finden Sie in der Schauenburgerstraße, in der Nähe vom Rathaus.
stephansplatz 6, www.mama.eu, telefon: 040 39903050, geöffnet: mo-fr 8.00-21.00, sa 9.00-21.00, so 11.30-20.00, preis: 9 €, u-bahn: stephansplatz

FACHGESCHÄFT FÜR MEERESSPEZIALITÄTEN ⑪

⑪ Das **Fachgeschäft für Meeresspezialitäten** ist eine italienische Perle, die etwas versteckt liegt. Das Konzept ist simpel: Jeden Tag gibt's ein Mittagsgericht mit Fisch. Frisch und günstig. Mit großer Terrasse.
colonnaden 104, telefon: 040 346314, geöffnet: mo-sa 12.00-17.00, preis: 6 €, u-bahn: stephansplatz

⑫ Ein Essen im **Hofbräu an der Alster** ist ein echt bayerisches Erlebnis. Das riesige Restaurant ist gemütlich mit massiven Holztischen und -bänken eingerichtet. Das Personal bedient in traditionellem Dirndl und Lederhose Schlachtplatte mit Sauerkraut, dazu eine zünftige Maß. Na denn: Prost!
esplanade 6, www.hamburg-hofbraeuhaus.de, telefon: 040 34993838, geöffnet: so-do 10.00-1.00, fr-sa 10.00-2.00, preis: 1 €, u-bahn: stephansplatz

22 CAFÉ PARIS

(16) Ein besserer Ort zum Frühstücken ist in der Innenstadt kaum zu finden. Bei **Alex** zeigt sich die Stadt von ihrer schönsten Seite, denn man hat von drinnen und von draußen auf der Terrasse einen herrlichen Blick auf die Alster. Das Frühstücksbüfett ist beliebt, aber auch abends ist es hier immer voll. Und die Alsterrundfahrt startet direkt vor der Tür.
jungfernstieg 54, www.alexgastro.de, telefon: 040 3501870, geöffnet: frühstücksbüfett, preis: 8,80 € (am wochenende 14,20 €), u-bahn/s-bahn: jungfernstieg, u-bahn: rathaus

(18) Syrien mit Aussicht auf die Alster: Genießen Sie die würzige und überwiegend vegetarische Küche in den **Saliba Alsterarkaden**. Kein Platz auf der Terrasse mehr frei? Dann geht's über die schmale Treppe nach oben. Als Vorspeise empfiehlt sich das Mazza-Menü (ausreichend für zwei Personen). Außerdem gibt es Fingerfood und Rosentee mit zuckersüßer Torte.
neuer wall 13, www.saliba.de, telefon: 040 345021, geöffnet: täglich 12.00-23.00, preis: 18 €, u-bahn/s-bahn: jungfernstieg, u-bahn: rathaus

(21) Das schicke Restaurant **Das Parlament** im alten Weinkeller des Rathauses, ist eine Mischung aus Tradition und modernem Design. Die riesige, mit Designerlampen beleuchtete Bar kontrastiert mit dem Gewölbesaal und seinen gigantischen Säulen. Das Essen ist traditionell und gut. Man kann aber auch einfach nur etwas trinken.
rathausmarkt 1, www.parlament-hamburg.de, telefon: 040 70383399, geöffnet: mo-sa 11:30-1.00, preis: 19 €, u-bahn: rathaus

(22) Das **Café Paris** ist ein Klassiker: mit Französisch sprechenden Obern, Mini-Bistrotischen vor der Tür und einer Speisekarte voller französischer Begriffe. Besonders hübsch ist die bemalte und reich mit Fliesen geschmückte Jugendstildecke. Gegenüber gibt es noch den Laden zum Café.
rathausstraße 4, www.cafeparis.net, telefon: 040 32527777, geöffnet: mo-fr 9.00-23.30, sa-so 9:30-23.30, preis: 18 €, u-bahn: rathaus

(23) Hinter der schweren Tür mit Klingel liegt eine Cocktailbar mit Klasse. Gedämpftes Licht, Braun- und Goldtöne, dekorierte Vorhänge, weiche Sofas und Barhocker: Bei **Le Lion** kann man die Außenwelt leicht vergessen.
rathausstraße 3, www.lelion.net, telefon: 040 334753780, geöffnet: mo-sa 18.00-3.00, so 18.00-1.00, preis: cocktail 14 €, u-bahn: rathaus

⑯ ALEX

㉔ Hier spontan einen Tisch zu ergattern, ist schwer. Die **Brooklyn Burger Bar** ist sehr beliebt und fast immer voll. Also unbedingt reservieren! Die Cocktails sind kreativ, die Burger saftig und lecker (es gibt auch die Veggie-Variante). Früher war in dem Haus eine Apotheke, heute ist die Einrichtung schick und urban, mit Mauerwerk, Industrieelementen und Relikten des ehemaligen Streit's-Kinos.
alter fischmarkt 3, www.brooklynburgerbar.de, telefon: 040 34994866, für reservierungen (nur abends): infos@brooklynburgerbar.de, geöffnet: mo-do 18.00-0.00, fr-sa 18.00-3.00, mittagessen mo-fr 12.00-15.00, preis: 10 €, u-bahn: mönckebergstraße, rathaus

(27) Für die meisten Hamburger ist eine Currywurst bei **Mö-Grill** fester Programmpunkt an einem Shoppingtag. Man muss nicht einmal die Straße überqueren: Der beliebte Wurstkönig steht auf beiden Seiten an der U-Bahn-Station. Am Jungfernstieg gibt es einen dritten Mö-Grill.
am mönckebergbrunnen 1, telefon: 040 335599, geöffnet: mo-fr 10.00-20.00, sa 10.00-18.00, preis: currywurst 3 €, u-bahn: mönckebergstraße

(30) Das sympathische Restaurant **Cox** bietet eine hervorragende französische Crossover-Küche, eine bistroähnliche, gepflegte Einrichtung und sehr nette Bedienung. Eine echte Bereicherung für das Viertel St. Georg.
lange reihe 68, www.restaurant-cox.de, telefon: 040 249422, geöffnet: mo-fr 12.00-14.30 & 18.30-23.00, sa-so 18.30-23.00, preis: 20 €, u-bahn/s-bahn: hauptbahnhof

(32) In diesem netten Café im Stil der Dreißigerjahre erwartet man eigentlich ältere Damen mit Hüten. Weit gefehlt. Im **Café Gnosa** trifft sich die Hamburger Schwulen- und Lesbenszene zu Kaffee & Kuchen, Mittag- oder Abendessen. Aber auch Heteros sind herzlich willkommen.
lange reihe 93, www.gnosa.de, telefon: 040 243034, geöffnet: so-do 10.00-0.00, fr-sa 10.00-1.00, preis: 9 €, u-bahn/s-bahn: hauptbahnhof nord, u-bahn: lohmühlestraße

(33) Das renovierte Gebäude des Restaurants **Turnhalle** von 1889 war einst die Turnhalle einer Mädchenschule. Statt zu turnen wird heute hier gegessen. Das Restaurant ist vor allem wegen seines großen Frühstücksbüffets beliebt, man kann hier aber auch zu jeder Tageszeit lecker essen.
lange reihe 107, www.turnhalle.com, telefon: 040 28008480, geöffnet: täglich 9.30-0.00, preis: 20 €, frühstücksbuffet sa/so 13,90/22,50 €, u-bahn/s-bahn: hauptbahnhof, u-bahn: lohmühlestraße

(34) Direkt an der Außenalster ist **a.mora** der perfekte Platz, um die Füße ins Wasser zu hängen, zu träumen und den Segelbooten nachzublicken. Im Liegestuhl auf dem Steg bestellt man hausgemachte Torte und herzhafte Snacks wie Fischstäbchen aus eigener Herstellung. Am frühen Abend kommen DJs und der Steg wird zur Freiluftbar. Im Winter gibt's hier Glühwein und Bratwurst.
an der alster (atlantic-steg), www.a-mora.com, telefon: 040 28056735, geöffnet: täglich ab 10.00, preis: 15 €, u-bahn/s-bahn: hauptbahnhof

Shoppen

③ **Secondella** ist ein unglaublich großer und äußerst luxuriöser Second-Hand-Laden. Hier gibt's Mode vom Feinsten: Chanel, Dior und Marc Jacobs. Wer sich schon mal auf seinen Besuch vorbereiten möchte, kann sich auf der Webseite die Kollektion ansehen und per E-Mail seine Lieblingsstücke reservieren lassen.
hohe bleichen 5, www.secondella.de, telefon: 040 352931, geöffnet: mo-fr 10.00-19.00, sa 10.00-18.00, u-bahn: gänsemarkt

④ **Petra Teufel** gilt als eine der besten Boutiquen in ganz Hamburg. Nationale und internationale Stars wie Sheryl Crow und die Pet Shop Boys shoppten sich hier ihre Outfits zusammen. In den Achtzigern war Petra Teufel die erste Adresse für Dries van Noten und Comme des Garçons. Neben den großen Designermarken gibt's auch Labels wie Velvet und Humanoid.
hohe bleichen 13, www.petrateufel.de, telefon: 040 3786160, geöffnet: mo-fr 10.00-19.00, sa 11.00-18.00, u-bahn: gänsemarkt

⑥ 'Genuss ist unsere Leidenschaft', so lautet die erfolgreiche Philosophie von **Oschätzchen**. Der dänische Familienbetrieb versteht tatsächlich etwas vom Genießen, denn das vornehme Geschäft ist eine wahre Fundgrube für Delikatessen und Accessoires, die auch noch sehr hübsch eingepackt werden. Wetten, dass Sie nicht mit leeren Händen weggehen? Oschätzchen ist auch im Kaufhaus Alsterhaus im vierten Stock zu finden.
hohe bleichen 26, www.oschaetzchen.com, telefon: 040 35004780, geöffnet: mo-fr 10.00-19.00, sa 10.00-18.00, u-bahn: gänsemarkt

⑬ Das **NIVEA Haus** ist eine Ode an das bekannteste Produkt des Unternehmens Beiersdorf in Hamburg. Die klassische Nivea-Creme gibt es seit 1911, sie ist weltweit als Hautpflege für die ganze Familie bekannt. Der Flagship-Store bietet außer den bekannten Produkten und Fanartikeln auch Ratschläge für die Hautpflege, Massagen und Schönheitsbehandlungen. Tipp: Lassen Sie sich eine Nivea-Dose mit einem Foto und einem Text von Ihnen bedrucken.
jungfernstieg 51, www.nivea.de/haus, telefon: 040 82224740, geöffnet: mo-sa 10.00-20.00, u-bahn/s-bahn: jungfernstieg

THOMAS I-PUNKT ⑭

⑭ Schon seit Jahren ist **Thomas I-Punkt** führend auf dem Gebiet hochwertiger, bequemer Mode. Auf mehreren Etagen wird Damen- und Herrenmode der eigenen, in Deutschland produzierten Marke Omen angeboten, aber auch Labels wie Gaspard Yurkievich, Odd Molly und American Vintage locken mit tollen Stücken. In einem schönen, historischen Gebäude in der Mönckebergstraße 21 gibt es eine zweite Filiale.
gänsemarkt 24, telefon: 040 342009, geöffnet: mo-sa 10.00-20.00, u-bahn: gänsemarkt

(15) **Kleidermarkt** ist ein Mekka für Vintagefans. Hier finden Sie Juwelen vergangener Zeiten, von langen Damenmänteln und Petticoats bis hin zu Lederhosen und originellen Baseballjacken. Außer Secondhandmode gibt es auch Neuwertiges, alles in großer Auswahl. Der Kleidermarkt liegt versteckt im Keller von ONON am Ende der GALLERIA-Passage.
große bleichen 21, www.kleidermarkt.de, telefon: 040 35715050, geöffnet: mo-fr 10.00-19.00, sa 10.00-18.00, u-bahn/s-bahn: jungfernstieg, u-bahn: rathaus

(17) Das **Alsterhaus** ist eine Institution in Hamburg. Das schicke Kaufhaus am mondänen Jungfernstieg lockt mit allerlei schönen Sachen. Vor allem die obere Etage ist fantastisch, denn dort wird Essen zur Kunst erhoben. Man probiert Kaviar, nippt am Champagner und kauft Luxustee.
jungfernstieg 16, www.alsterhaus.de, telefon: 040 359010, geöffnet: mo-sa 10.00-20.00, u-bahn/s-bahn: jungfernstieg, u-bahn: rathaus

(29) **Mutterland** ist eine Hommage an Deutschland: Hier werden ausschließlich Produkte kleiner deutscher Lieferanten verkauft. Aufeinander gestapelte Kisten stecken voller Delikatessen und origineller Geschenke. Außerdem gibt es ein Café mit herrlichen Torten, Biobrot und einem Picknickkorbservice so kann man perfekt ausgestattet zum Relaxen an die Alster.
ernst-merck-straße 9, www.mutterland.de, telefon: 040 28407978, geöffnet: mo-sa 8.00-21.00, so 9.00-19.00 (nur café), u-bahn/s-bahn: hauptbahnhof

(31) Das Haus für Kunst und Handwerk, **Koppel 66**, ist schon seit dreißig Jahren eine Gegenbewegung zur Massenindustrie. Auf den vier Etagen der ehemaligen Maschinenfabrik können verschiedene Läden und Ateliers besucht werden. Hier gibt es handgefertigte Schuhe, Hüte, Seifen, Schmuckstücke und viele weitere bezaubernde Dinge. Unten im Café Koppel kann man sich mit vegetarischen Snacks in kreativer Atmosphäre verwöhnen lassen.
lange reihe 75 (innenhof), www.koppel66.de, telefon: 040 38641930, geöffnet: täglich 11.00-18.00, café 10.00-23.00, u-bahn/s-bahn: hauptbahnhof, u-bahn: lohmühlestraße

OSCHÄTZCHEN ⑥

Altstadt, Neustadt & St. Georg

SPAZIERGANG 1 (ca. 8 km)

Start ist die U-Bahn-Station Rödingsmarkt. Dann geht es nach links über die Heiligengeistbrücke zur Michaelisbrücke auf eine Tasse Kaffee (1). Danach in die Admiralitätstraße, um das Galeriekollektiv (2) zu besuchen. Wieder zurück und geradeaus über die Stadthausbrücke, dann durch den Neuen Wall. Dann links über die Bleichenbrücke und am Ende der Straße den Platz (3) überqueren. Weiter über die Hohen Bleichen (4) (5) (6) und dann links in die ABC-Straße. Am Ende rechts und dann links in die Speckstraße (7). Dann rechts durch den Bäckerbreitergang, anschließend rechts abbiegen. Durch den Valentinskamp, dann links in die Dammtorstraße (8) (9) (10) und rechts zur Esplanade. Kurz rechts in den Collonaden eine italienische Perle entdecken (11). Zurück auf der Esplanade kann man echtes Bayern-Feeling erleben (12). An der Straßenecke geht es nach rechts an die Alster. Anschließend rechts in die Große Theaterstraße und dann links Richtung Gustav-Mahler-Platz abbiegen. Am Nivea-Haus (13) nach rechts, über den Gänsemarkt und links in die ABC-Straße (14). Zweimal links abbiegen und in die Poststraße einbiegen. An der Kreuzung Große Bleichen biegen Modefreaks rechts in die Galleria ab (15). Der Spaziergang geht links über die Großen Bleichen weiter, dann rechts den Jungfernstieg entlang. Hier die Aussicht genießen (16) und Delikatessen kaufen (17). Biegen Sie rechts in den Neuen Wall ein. Bei Felix Jud gehen Sie durch die Passage (18). Dann rechts unter den Alsterarkaden entlang und links über die Brücke (19) (20). Im Ratskeller gibt's etwas zu essen (21) oder Sie biegen schräg links in die Rathausstraße ab, dort gibt es weitere gute Cafés und Restaurants (22) (23). Dann am Ende rechts in die Schmiedestraße abbiegen, die in die Fischer Twiete (24) übergeht. Reservieren Sie hier für den besten Burger der Stadt. Gehen Sie zurück in die Bergstraße (25) und dann rechts durch die Mönckebergstraße. Geradeaus gehen, um das Levantehaus (26) zu bewundern. Anschließend ein Stück zurück und eine Currywurst (27) essen, danach rechts in die Lilienstraße abbiegen. Gehen Sie geradeaus (28) und überqueren Sie die Brücke. Am Ende der Ernst-Merck-Straße (29) geht's fast geradeaus in die Lange Reihe (30) (31) (32) (33). Durch eine Seitenstraße gelangt man links zur Alster. Geschafft! Jetzt am Wasser etwas trinken (34) oder zu einer Alsterkreuzfahrt (35) aufbrechen.

Außenalster
Binnenalster
Moorweide
Alter Botanischer Garten
Gustav-Mahler-Park
Dammtor (Messe/CCH)
Stephansplatz (Oper/CCH)
Einfache Bühne
Laeiszhalle Musikhalle Hamburg
Gänsemarkt (Oper)
Hamburger Engelsaal
Opernloft
Hamburgische Staatsoper
Jungfernstieg
Bucerius Kunst Forum
Rathaus
Bischofsturm
Thalia Theater
Mönckebergstraße
Galerie der Gegenwart
Hamburger Kunsthalle
Ohnsorg Theater
Hauptbahnhof Nord
Hamburg Hbf
Hauptbahnhof Süd
Deutsches Schauspielhaus
Hansatheater
polittbüro
Museum für Kunst und Gewerbe Hamburg
Steinstraße
Kunsthaus Hamburg
Chocoversum Hachez
Meßberg
Deichtorhallen
Haus der Photographie
Deutsches Zollmuseum
Das Schiff
Stadthausbrücke
Westwerk
Fleetstreet Hamburg
Start
Rödingsmarkt
Ziel
SPAZIERGANG 1
SPAZIERGANG 2
Internationales Maritimes Museum
Miniatur Wunderland
Theater Kehrwieder
Baumwall
0 150 m
= Sehenswürdigkeiten
= Essen & Trinken
= Shoppen
= 100% there

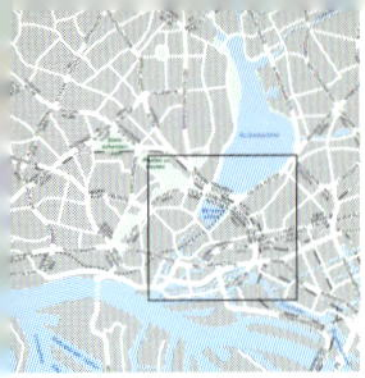

1 Erste Liebe Bar
2 Galerierundgang Fleetinsel
3 Secondella
4 Petra Teufel
5 Die Bank
6 Oschätzchen
7 Gängeviertel
8 Waku Waku
9 Hamburgische Staatsoper
10 Mama
11 Fachgeschäft für Meeresspezialitäten
12 Hofbräu an der Alster
13 NIVEA Haus
14 Thomas I-Punkt
15 Kleidermarkt
16 Alex
17 Alsterhaus
18 Saliba Alsterarkaden
19 Bucerius Kunstforum
20 Rathaus
21 Das Parlament
22 Café Paris
23 Le Lion
24 Brooklyn Burger Bar
25 St. Petri Hauptkirche
26 Levantehaus
27 Mö-Grill
28 Hamburger Kunsthalle
29 Mutterland
30 Cox
31 Koppel 66
32 Café Gnosa
33 Turnhalle
34 A.mora
35 Alsterkreuzfahrt

Hafencity & Speicherstadt

Europas größtes Bauprojekt und alte Speicherhäuser

Größer als zwischen Hafencity und Speicherstadt kann ein Kontrast kaum sein: Architektonische Vorzeigeprojekte schießen neben historischen Lagerhäusern wie Pilze aus dem Boden. Aber Alt und Neu fließen hier wunderbar zusammen und bilden eine faszinierende Einheit. Dieser Teil der Stadt ist bei Touristen und Hamburgern äußerst beliebt. Die Gründe: viel Wasser, schöne Spazierwege, Restaurants und Cafés mit Terrassen, tolle Museen, die urban-maritime Atmosphäre und selbstverständlich die sensationelle Architektur.

Die Hafencity, also die Erweiterung der Innenstadt rund um das alte Hafengebiet, gilt als Europas größtes stadtplanerisches Projekt. Eine Herausforderung, die sich nur eine so reiche Stadt wie Hamburg erlauben kann. Das Gebiet ist ständig in Bewegung, man sieht es buchstäblich wachsen. Auf einer Fläche von 155 Hektar entsteht eine Mischung aus Wohnen, Arbeiten, Kultur und Erholung mit 45000 Arbeitsplätzen und 5800 Wohnungen.

2

Besonders spektakulär sind das Unileverhaus, der luxuriöse Wohnturm Marco Polo Tower und die Elbphilharmonie, das Wahrzeichen der Hafencity. Immer mehr Unternehmen, hauptsächlich aus dem Entertainment- und Medienbereich, siedeln sich hier an, darunter Stage Entertainment und die Joop van den Ende Academy. Das Musical-Business boomt nämlich in Hamburg.

Die alte Speicherstadt wurde dagegen schon 1913 gebaut und ist der größte zusammenhängende Speicherhauskomplex weltweit. Die hohen Gebäude in wilhelminischer Backsteingotik mit ihren verspielten Spitzgiebeln und den Türmchen dienen bis heute als Lagerplatz für wertvolle Handelsware. Hinter den Backsteinmauern liegen Kaffee, Tee, Kakao, Gewürze, Tabak und Computer, bereit für den Verkauf. Die Speicherstadt ist auch der größte Lagerplatz der Welt für Teppiche aus dem Nahen Osten. Am besten kann man dieses einzigartige Ensemble auf einer Hafenrundfahrt erleben.

6 Insider-Tipps

High Flyer

150 Meter über der Stadt schweben.

Deichtorhallen

Eine internationale Ausstellung besuchen.

Oberhafenkantine

In einer schiefen, historischen Hafenkantine essen.

Manufactum

Im Haus der "guten Dinge" einkaufen.

Unileverhaus

Einen Blick aufs Wasser und den Hafen werfen.

Das Feuerschiff

Traditionelle Seemannskost auf einem alten Feuerschiff probieren.

- Sehenswürdigkeiten
- Shoppen
- Essen & Trinken
- 100% there

Sehenswürdigkeiten

(1) Das **Museum für Kunst und Gewerbe** zeigt eine umfassende Jugendstilkollektion mit Statuen, Kupferstichen, Fliesen, Porzellan, Schmuck und Möbeln. Das Pariser Zimmer, auf der Weltausstellung im Jahr 1900 in Paris erworben, ist mit seinen Möbeln von Hector Guimard absolut sehenswert. Zudem finden wechselnde Sonderausstellungen über Design aus dem 20. Jahrhundert statt.
steintorplatz 1-2, www.mkg-hamburg.de, telefon: 040 428134880, geöffnet: di-mi & fr-so 10.00-18.00, do 10.00-21.00, eintritt: 10 €, u-bahn/s-bahn: hauptbahnhof

(5) Mit etwa 5000 Quadratmetern Ausstellungsfläche sind die **Deichtorhallen** Europas größtes Museum für internationale moderne Kunst und Fotografie. In diesen beiden alten Markthallen von 1914 wurden bis 1984 noch Gemüse und Blumen verkauft. Heute präsentieren Künstler wie Gilbert & George, Kyoshi Suzuki und Arne Jacobsen in wechselnden Ausstellungen ihre Werke.
deichtorstraße 1-2, www.deichtorhallen.de, telefon: 040 321030, geöffnet: di-so 11.00-18.00 (ersten do im monat bis 21.00), eintritt: 9 €, u-bahn: steinstraße

(9) Das **Chilehaus** von Fritz Höger aus dem Jahr 1924 ist die experimentelle Kombination eines traditionellen Backsteingebäudes mit einem modernistischen Entwurf. Das stattliche, zehnstöckige Gebäude, das mit seinem Spitzgiebel an den Bug eines Schiffes erinnert, wurde als Symbol expressionistischer Architektur international bekannt. Neben Büros und Wohnungen beherbergt es heute das Restaurant Slowman und den schönen Laden Manufactum.
zwischen pumpen und burchardstraße, unterführung über fischertwiete, www.chilehaus.de, telefon: 040 349194247, u-bahn: meßberg

(14) Dreitausend Jahre Seefahrt auf zehn Etagen: das **Internationale Maritime Museum** Hamburg präsentiert Zehntausende Schiffsmodelle aus Elfenbein, Silber und Gold sowie Gemälde, Dokumente und Wrackteile. Es handelt sich um die größte Schifffahrtssammlung der Welt, und zugleich ist das neogotische Museumsgebäude von 1878 das älteste Lagerhaus Hamburgs.
kaispeicher b, koreastraße 1, www.internationales-maritimes-museum.de, telefon: 040 092300, geöffnet: di-so 10.00-18.00, eintritt: 12,50 €, u-bahn: überseequartier

⑤ DEICHTORHALLEN

⑳ Das **Unileverhaus**, in dem der Unilever-Konzern untergebracht ist, wurde 2009 zum weltbesten Bürogebäude gekürt. Das Atrium ist frei zugänglich und in den Stockwerken darüber arbeiten 1200 Menschen an den neuesten Produkten, die im Unilever-Shop und in der Eisdiele mit herrlicher Terrasse erhältlich sind. Links vor dem Unileverhaus gibt es einen großen Kinderspielplatz und rechts daneben steht Hamburgs teuerster Apartmentkomplex, der Marco Polo Tower. Der Quadratmeter kostet hier schlappe 30000 Euro. *strandkai 1, geöffnet: täglich 8.00-22.00, eintritt: frei, u-bahn: überseequartier*

㉔ Hamburgs teuerste Baustelle befindet sich in der HafenCity und heißt **Elbphilharmonie**. 2007 wurde mit dem Bau des Konzerthauses begonnen und inzwischen kostet er das Fünffache des veranschlagten Budgets. Das sensationelle Aushängeschild der Architekten Herzog & de Meuron wird imposant und soll einmal drei Konzertsäle, eine Plaza in 37 Metern Höhe mit Rundumblick, 45 Wohnungen, ein Restaurant und ein Hotel umfassen.
am kaiserkai, www.elbphilharmonie.de/home.de, telefon: 040 35766666, u-bahn: baumwall

㉘ In der **Deichstraße** stehen die ältesten Bürgerhäuser Hamburgs. Ein Blick nach oben lohnt sich, denn die Giebel aus dem 17. und 18. Jahrhundert sind einfach prächtig. Übrigens: In der Hausnummer 25 brach am 5. Mai 1842 der große Stadtbrand aus. Zwischen den Nummern 39 und 41 geht es zum Wasser, wo man eine herrliche Aussicht auf den Fleet hat.
deichstraße, u-bahn: baumwall, rödingsmarkt

㉜ Von der **ehemaligen Hauptkirche St. Nikolai** stand nach 1945 nur noch ein Turm. Der schwarz verbrannte Nikolaiturm, der dritthöchste Kirchturm Deutschlands, ist heute ein Mahnmal für die tragischen Folgen des Zweiten Weltkriegs. Ein gläserner Lift fährt 76 Meter hinauf zur Aussichtsplattform. Neben dem Turm befindet sich das Museum **Mahnmal St. Nikolai** mit detaillierten Informationen über die Geschichte der Kirche sowie die Zerstörung Hamburgs während des Krieges.
willy-brandt-straße 60, www.mahnmal-st-nikolai.de, telefon: 040 371125, geöffnet: täglich mai-sept. 10.00-20.00, okt.-april 10.00-17.00, eintritt: museum und turm 5 €, u-bahn: rödingsmarkt

㉟ Weiß und stolz liegt das Museumsschiff **Cap San Diego** an der Überseebrücke. Es ist das größte, fahrbereite Museums-Frachtschiff der Welt. Es kann besichtigt werden, hat ein Bistro und Kajüten zum Übernachten.
überseebrücke, www.capsandiego.de, telefon: 040 364209, geöffnet: täglich 10.00-18.00, eintritt: 7 €, u-bahn: baumwall

⑪ SLOWMAN

Essen & Trinken

(6) Bei **Fillet of Soul**, im Haus der Fotografie bei den Deichtorhallen, gibt es Soulfood in mondäner Atmosphäre. Auf großen Tafeln über der offenen Küche steht das täglich wechselnde Mittags- und Abendmenü: Gerichte in einer überraschenden Kombination aus lokalen und internationalen Zutaten.
deichtorstraße 2, www.fillet-of-soul.de, telefon: 040 70705800, geöffnet: mo 11.00-15.00, di-sa 11.00-0.00, so 11.00-18.00, preis: 20 €, u-bahn: steinstraße

(7) Unter der Eisenbahnbrücke versteckt liegt die **Oberhafenkantine**. Früher trafen sich in diesem windschiefen, riesigen Gebäude nur Hafenarbeiter, heute ist es ein Szenelokal. Noch immer wird Hausmannskost serviert, allerdings – dank der Chefköche Tim Seidel und Sebastian Libbertauf – auf einem äußerst hohen Niveau.
stockmeyerstraße 39, www.oberhafenkantine-hamburg.de, telefon: 040 32809984, geöffnet: täglich ab 12.00, küche mo-sa 12.00-22.00, so 12.00-20.00, preis: 10 €, u-bahn: steinstraße, u-bahn/s-bahn: hauptbahnhof

(11) Nach dem Vorbild von Jamie Oliver gibt der Fernseh- und Meisterkoch Christian Rach in seinem Ausbildungsrestaurant **Slowman** jungen Leuten die Chance, eine Kochlaufbahn einzuschlagen. Der Name erinnert an den Auftraggeber des Chilehauses (in dem sich das Restaurant befindet), Henry B. Sloman. Das Restaurant ist lässig eingerichtet und vor allem der Mittagstisch ist empfehlenswert: hohe Qualität zum kleinen Preis.
burchardstraße 13, eingang c, www.slowman.de, telefon: 040 337561, geöffnet: di-sa 12.00-17.00 & 18.00-21.30 (küche), preis: drei-gänge-menü 35 €, vier-gänge-mittagsmenü 19,50 €, u-bahn: meßberg

(12) Das historische Gebäude von 1905 ist an sich schon einen Besuch wert, denn es steht stolz und herrschaftlich auf seinem eigenen Pier. Ursprünglich arbeiteten im **Wasserschloss** Hafenleute, doch inzwischen ist es eine Mischung aus Restaurant, Teesalon und Teeladen im modernen Kolonialstil. Es stehen Ihnen 250 Teesorten zur Auswahl. Sie können frühstücken oder frischen Fisch mit einem Glas Wein dazu geniessen.
dienerreihe 4, www.wasserschloss.de, telefon: 040 558982640, geöffnet: teesalon & -laden täglich 10.00-19.00, küche mo-fr täglich 10.00-22.00 , preis: 15 €, u-bahn: meßberg

⑬ Kaum zu glauben, dass das kleine und charmant eingerichtete **Fleetschlösschen** früher ein Toilettenhäuschen war. Das entspannte Personal ist locker und serviert einfache Mahlzeiten wie Matjesfilet mit Kartoffelsalat oder einen Eintopf. Ein netter Ort, auch nur für einen Drink.
brooktorkai 17, www.fleetschloesschen.de, telefon: 040 30393210, geöffnet: täglich 8.00-20.00, preis: 5 €, u-bahn: überseequartier, baumwall

⑯ Moderne, norddeutsche Küche für Feinschmecker: **Vlet** verwendet die besten Zutaten von Bauern aus der Region. Die Gerichte schmecken erstklassig, die Einrichtung des historischen Lagerhauses ist ebenfalls sehr gelungen. Im Erdgeschoss gibt es günstige Mittagsgerichte im Bistro Vlet Kleine Küche.
am sandtorkai 23-24, www.vlet.de, telefon: 040 334753750, geöffnet: mo-fr 12.00-15.00 & 18.00-0.00, sa 18.00-0.00, preis: 22 €, u-bahn: überseequartier, baumwall

⑲ Die deutsche Kaffeekette **Campus Suite** ist eine Antwort auf die teuren Starbucks-Läden. Zunächst war sie vor allem bei Studenten beliebt, inzwischen hat sich das preisgünstige Konzept herumgesprochen. Die Filiale mit maritimem Flair am Großen Grasbrook gehört zu den schönsten.
großer grasbrook 10, www.campussuite.de, telefon: 040 23858380, geöffnet: mo-fr 7.00-20.00, sa-so 9.00-20.00, preis: café latte 2 €, u-bahn: überseequartier

㉑ Ob Frühstück, Mittag- oder Abendessen, bei **Kaisers** isst man mit einer fürstlichen Aussicht aufs Wasser. Das Bistro und die Sonnenterrasse liegen direkt an der Promenade. Ideal zum People-Spotting! Die köstlichen Flammkuchen darf man sich auf keinen Fall entgehen lassen.
am kaiserkai 23, www.kaisers-hamburg.de, telefon: 040 36091790, geöffnet: täglich 10.00-22.00 (im sommer oft auch länger), preis: 10 €, u-bahn: überseequartier, baumwall

㉒ Spannender Kontrast: ein modernes Hafencitygebäude mit barocker Einrichtung. **Klein und Kaiserlich** nennt sich das Kaffeehaus, und serviert österreichische Kaffeespezialitäten wie "Kleiner Brauner" und "Kaffee Verkehrt". Traditionelle Gerichte wie Weißwurst und Wiener Schnitzel sind hier besonders beliebt, aber man kann auch einfach nur frühstücken.
am kaiserkai 26, www.k-u-k-kaffeehaus.de, telefon: 040 36122480, geöffnet: mo-so 10.00-18.00, preis: 12 €, u-bahn: überseequartier, baumwall

FILLET OF SOUL ⑥

㉓ Alle 120 Sitzplätze des **CARLS** bieten eine beeindruckende Aussicht auf Hamburgs Hafen. Die gemütliche Brasserie liegt direkt an der Elbphilharmonie und serviert deutsche Gerichte mit französischem Akzent. Hier isst man zu Mittag oder zu Abend oder genießt einfach das einzigartige Hafen-Flair. *am kaiserkai 69, www.carls-brasserie.de, telefon: 040 300322400, geöffnet: täglich 12.00-22.30, preis: 23 €, u-bahn: überseequartier, baumwall*

㉗ Durch ihre prominente Lage ist die **Speicherstadt Kaffeerösterei** etwas touristisch angehaucht, dennoch kann man hier in echter Speicherstadt-atmosphäre wunderbar einen frisch gerösteten Kaffee trinken, dessen Stärke man selbst bestimmt. Dazu gibt's einen ausgezeichneten Kuchen. *kehrwieder 5, www.speicherstadt-kaffee.de, telefon: 040 31816161, geöffnet: täglich 10.00-19.00, preis: kaffeespezialität des tages 2 €, u-bahn: baumwall*

(29) **Kolonialwarenladen "Café am Fleet"** ist eine besondere Adresse an der Deichstraße. Inmitten der nostalgischen Keks- und Kaffeedosen fühlt man sich in der Zeit zurückversetzt. Außer selbst gebackenem Kuchen gibt es auch kleine Gerichte und einen Verkauf für handgemahlenen Kaffee. Im hinteren Teil hat man einen schönen Ausblick auf das Fleet.
deichstraße 45, telefon: 040 371253, geöffnet: mo-fr 7.00-18.00, sa-so 10.00-17.00, preis: 7 €, u-bahn: baumwall, rödingsmarkt

(31) Das barocke Alt-Hamburger Bürgerhaus aus dem Jahr 1700 ist das einzige Gebäude, das den Brand von 1842 vollkommen unversehrt überstanden hat. Inzwischen ist das klassische Restaurant **Schönes Leben** hier eingezogen. Man fühlt sich wie bei einer Baronin zu Gast: Glanz und Gloria, wohin das Auge blickt. Auf der Karte stehen regionale Gerichte wie Hamburger Pannfisch, doch auch leichte Speisen wie Caesar's Salad.
deichstraße 37, www.alt-hamburger-buergerhaus.de, telefon: 040 20909790, geöffnet: täglich 11.00-22.00, preis: 19 €, u-bahn: baumwall, rödingsmarkt

(33) Das kleine **Colesterine** bietet einen leckeren, schnellen Mittagsimbiss, zum Mitnehmen oder Sofortessen an einem Stehtisch. Zwei freundliche Herren zaubern unter anderem Suppen, Aufläufe, Baguettes, Quiches und Kartoffelsalat.
steinhöft 11, geöffnet: mo-fr 8.00-17.30, preis: mittagessen 5 €, u-bahn: baumwall

(34) Speisen wie die Seemänner: Im **Feuerschiff** mit gleichnamigem Restaurant kann man sich in authentischer Atmosphäre mit traditionellen Gerichten wie Labskaus und Pannfisch stärken. Nach dem Essen gibt's einen Schnaps in der gemütlichen Bar mit Top-Aussicht und manchmal Live-Jazzmusik. In den Kajüten des Feuerschiffs kann man sogar übernachten.
im city sporthafen, www.das-feuerschiff.de, telefon: 040 362553, geöffnet: mo-sa 11.00-1.00, so 9.00-23.00, preis: 20 €, u-bahn: baumwall

Shoppen

(2) Die hippe Marke **Freitag** stellt bekanntermaßen Taschen aus Lastwagenplanen her. Neben den groben Schultertaschen haben die Schweizer jetzt auch Damenhandtaschen im Sortiment, die sich vor einer Birkin Bag von Hermès nicht zu verstecken brauchen. Dieser Flagship Store lohnt sich allein schon wegen seiner ausgefallenen Produktpräsentation.
klosterwall 9, www.freitag.ch, telefon: 040 3287020, geöffnet: mo-fr 11.00-20.00, sa 10.00-18.00, u-bahn/s-bahn: hauptbahnhof

(3) Im unterirdischen **Antik-Center** bieten vierzig Händler auf tausend Quadratmetern Antiquitäten und Raritäten an. Auch ohne etwas zu kaufen macht es Spaß, sich hier umzusehen. Das kleine Café Villa Rosa ist ideal für eine Pause.
klosterwall 9, telefon: 040 335065, geöffnet: di-fr 12.00-18.00, sa 10.00-16.00 (im sommer bis 14.00), u-bahn/s-bahn: hauptbahnhof

(10) 'Es gibt sie noch, die guten Dinge' ist das Motto des Online-Qualitätsversands **Manufactum**, der im Chilehaus eine Filiale hat. Alle Produkte werden traditionell hergestellt – Massenanfertigung ist hier tabu.
fischertwiete 2, www.manufactum.de, telefon: 040 30087743, geöffnet: mo-fr 10.00-19.00, sa 10.00-18.00, u-bahn: meßberg

(15) Der **Überseeboulevard** ist die erste Einkaufsstraße der Hafencity. Eine Mischung aus besonderen Läden, Cafés und Restaurants im maritimen Stil. Livekonzerte, Sport- und Kulturveranstaltungen geben der Straße ein lebendiges Flair.
überseeboulevard, www.ueberseeboulevard.com, geöffnet: mo-sa (gastronomie auch so geöffnet), u-bahn: überseequartier

(30) Die Boutique ist eigentlich französisch, passt aber prima in die Hafenstadt. **Ti Breizh** verkauft maritime Mode, von gestreiften T-Shirts und wollenen Dufflecoats bis hin zu dicken Pullovern. Hinter dem kleinen Laden brutzeln Franzosen in einer Crêperie köstliche Crêpes. Die Terrasse am Wasser ist ein traumhaftes Plätzchen für eine Pause.
deichstraße 39, www.tibreizh.de, telefon: 040 37517815, geöffnet: mo-sa 11.00-20.00, so 12.00-16.00, u-bahn: baumwall, rödingsmarkt

MANUFACTUM ⑩

100% there

(4) Über Hamburg schweben und eine tolle Aussicht genießen: Der Ballon **High Flyer** geht im Herzen der Stadt 150 Meter hoch in die Luft und bleibt 15 Minuten lang oben. Tipp: eine Flasche Schampus mitnehmen. Mit dem Ticket gibt es 50% Ermäßigung für die benachbarten Deichtorhallen.
deichtorstraße 1-2, www.highflyer-hamburg.de, telefon: 040 30086969, geöffnet: täglich 10.00-22.00 (je nach wetter), preis: 15 €, u-bahn: steinstraße

(8) Wer einmal am eigenen Leib erfahren möchte, was es heißt, blind zu sein, kann dies im **Dialog im Dunkeln** erleben. In stockfinsteren Räumen werden verschiedene Umgebungen nachgestellt, z. B. eine Bar oder ein Park mit Gerüchen, Geräuschen, Wind, Temperatur und verschiedenen Oberflächen. Ein blinder Begleiter hilft dem Besucher, unversehrt den Weg zu finden. Anschließend können Fragen gestellt werden. Bitte vorher reservieren.
alter wandrahm 4, www.dialog-im-dunkeln.de, telefon: 040 3096340, geöffnet: di-mi 9.00-17.00, do 9.00-21.30, eintritt: 15 € (tour dauert 60 min.), u-bahn: meßberg

(17) Der **Elbphilharmonie-Pavillon** zeigt nicht nur eindrucksvoll, wie die Elbphilharmonie einmal aussehen soll (oben an der Treppe sieht man das Modell), es werden auch verschiedene klassische Komponisten mit Tonbeispielen vorgestellt. Dazu legt man das Ohr an trompetenförmige Ausbuchtungen – und schon sind Zeit und Raum vergessen. Spannend: Jeden Sonntag von 11.00 bis 16.00 Uhr starten hier unangekündigte Gratisführungen zur Elbphilharmonie (Dauer 90 Minuten). Nur für Geduldige ohne Höhenangst.
osakaallee 14 (magellan-terrassen), geöffnet: di-so 10.00-17.00 (sonntagsführungen alle 45 min.), eintritt: frei, u-bahn: überseequartier

ELBPHILHARMONIE-PAVILLON ⑰

Hafencity & Speicherstadt

SPAZIERGANG 2 (ca. 8 km)

Start am Hauptbahnhof Süd, Ausgang Steintordamm. Rechts vom Museum (1) zur Altmannbrücke. Dann rechts abbiegen und links in den Klosterwall (2) (3). Zur Deichtorstraße und dort Hamburg von oben ansehen (4). Auf dem Gelände der Deichtorhallen (5) (6) an der Buchhandlung die Treppe hinunter und rechts in die Altländerstraße. Dann in die Oberhafenstraße (7). Weiter durch die Stockmeyerstraße. Wenn möglich, über die Brücke in die Poggenmühlestraße (sonst über die Shanghaiallee und den Brooktorkai). Reservieren Sie für ein besonderes Erlebnis im Alten Wandrahm (8). Lust, ein Architektur-Highlight zu sehen? Dann über die Fußgängerbrücke und durch den U-Bahn-Tunnel die Straße überqueren (9) (10) (11). Zurück zum Alten Wandrahm, die Straße weiter und links in die Dienerreihe abbiegen (12). Rechts in die Holländische Brook und links die Brücke zum Brooktorkai überqueren. An der Ecke Mittagspause (13) mit Aussicht auf das Maritime Museum (14). Schräg rechts gegenüber shoppen auf dem Überseeboulevard (15). Wieder zurück, auf der anderen Seite links über die Neuerwegsbrücke und in den Pickhuben. An der Fußgängerbrücke links über den Kibbelsteg. Die Straße Am Sandtorkai (16) überqueren und durch die Großen Grasbrook (17) (18) (19) bis zur Elbe (20) gehen. Ein Stück zurück und links abbiegen über den Kaiserkai (21). In der Mitte die Treppe zu einem kaiserlichen Mahl (22) nehmen. Am Ende treffen Sie auf Hamburgs meistdiskutiertes Gebäude (23) (24). Dann rechts über die Brücke und Am Sandtorkai entlang. Wieder nach rechts und weiter am Wasser entlang. Die Treppe (25) zur Hälfte hinauf und dann weiter am Kai entlang. Am Ende links die Treppe hoch und wieder über den Kibbelsteg. Links in den Brook einbiegen, der in den Kehrwieder (26) (27) übergeht. Rechts über die Fußgängerbrücke, geradeaus in die Deichstraße (28) (29) (30) (31). Am Ende mit der Rolltreppe über die Straße, um den St. Nikolaiturm (32) zu besichtigen. Der Spaziergang wird scharf rechts über die Holzbrücke fortgesetzt. Am Ende nach rechts, über die Hohe Brücke. Den Rödingsmarkt überqueren und hinter der Brücke links in den Steinhöft (33). Weiter bis zum Baumwall. Hier ein Seefahrermahl (34) genießen oder zum Abschluss das Museumsschiff besichtigen (35).

Binnenalster
Jungfernstieg
Start
Hauptbahnhof Süd
Hauptbahnhof Nord
Hamburg Hbf
Museum für Kunst und Gewerbe Hamburg
Ohnsorg Theater
Deutsches Schauspielhaus
Hamburger Kunsthalle
Galerie der Gegenwart
Thalia Theater
Mönckebergstraße
Bucerius Kunst Forum
SPAZIERGANG 1
Rathaus
Bischofsturm
Steinstraße
Kunsthaus Hamburg
Deichtorhallen
Chocoversum Hachez
Meßberg
Haus der Photographie
Deutsches Zollmuseum
SPAZIERGANG 2
Internationales Maritimes Museum
PROTOTYP - Das Automuseum
Lohsepark
Sandtorpark
Überseequartier
HafenCity Universität
Miniatur Wunderland
Theater Kehrwieder
Traditionsschiffhafen Sandtorkai
Meßmer Momentum (Teemuseum)
Elbphilharmonie
Das Schiff
Nikolaifleet
Hohe Brücke
Baumwall
Ziel
SPAZIERGANG 6
Stadthausbrücke
Westwerk
Fleetstreet Hamburg
Rödingsmarkt
Gänsemarkt (Oper)
Hamburgische Staatsoper
Laeiszhalle Musikhalle Hamburg
Hamburger Engelsaal
Kellertheater Hamburg
Opernloft
Kleine Wallanlagen
Binnenhafen
Kehrwiederfleet
Brooksfleet
Zollkanal
Wandrahmsfleet
Holländischbrookfleet
Ericusgraben
Brooktorhafen
Magdeburger Hafen
Sandtorhafen
Grasbrookhafen
Strandhafen
Norderelbe
Willy-Brandt-Strasse
Am Sandtorkai
Kaiserkai
Dalmannkai
Überseeallee
Versmannstrasse
Chicagokai (Überseeterminal)
Steinstrasse
Ballindamm
Ludwig-Erhard-Strasse
0 150 m
= Sehenswürdigkeiten
= Essen & Trinken
= Shoppen
= 100% there

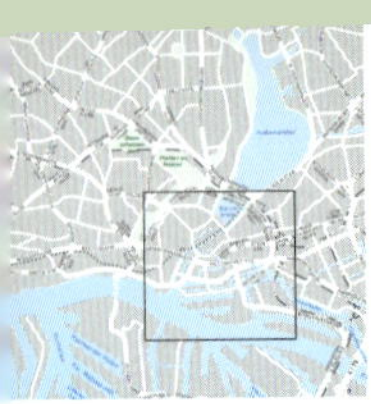

1. Museum für Kunst und Gewerbe
2. Freitag
3. Antik-Center
4. High Flyer
5. Deichtorhallen
6. Fillet of Soul
7. Oberhafenkantine
8. Dialog im Dunkeln
9. Chilehaus
10. Manufactum
11. Slowman
12. Wasserschloss
13. Fleetschlösschen
14. Internationales Maritimes Museum Hamburg
15. Überseeboulevard
16. Vlet
17. Elbphilharmonie Pavillon
18. Magellan-Terrassen
19. Campus Suite
20. Unileverhaus
21. Kaisers
22. Klein und Kaiserlich
23. Carls Brasserie
24. Elbphilharmonie
25. Spicy's Gewürzmuseum
26. Miniatur Wunderland
27. Speicherstadt Kaffeerösterei
28. Deichstraße
29. Kolonialwarenladen "Café am Fleet"
30. Ti Breizh
31. Schönes Leben
32. Ehemalige Hauptkirche St. Nikolai
33. Colesterine
34. Das Feuerschiff
35. Cap San Diego

Schanzenviertel & Karolinenviertel

Autonom & hip, brodelnd & multikulturell

Sternschanze, besser bekannt als Schanzenviertel oder Schanze, ist das hippste Ausgehviertel Hamburgs. Hier dreht sich alles um Spaßhaben, Essengehen und Shopping. Es gibt kleine, ausgefallene Läden, schäbig-schicke Cafés und mittendrin viele junge Leute. Das Schulterblatt mit seiner Piazza ist das Zentrum des Viertels. Der Straßenname erinnert noch an alte Zeiten, als an einer Kneipe eine Walfischschulter als Aushängeschild hing. Gegenüber dem von Autonomen besetzten Kulturzentrum Rote Flora liegen auf der Piazza viele portugiesische Restaurants. Hier trinkt man traditionsgemäß Galão, die portugiesische Variante des Milchkaffees. Im Sommer spielt sich das Leben auf der Straße ab und halb Hamburg trifft sich am Schulterblatt, auf den Terrassen der Piazza.

Die Sternschanze verdankt ihren Namen der alten, sternförmigen Verteidigungsmauer, die 1682 errichtet wurde, um die Dänen abzuwehren. An dieser Stelle liegt heute der Schanzenpark mit dem großen Wasserturm. In den

3

letzten Jahrzehnten hat sich das Schanzenviertel von einem Arme-Leute-Viertel zum Zentrum der alternativen Szene verwandelt. In den Siebziger- und Achtzigerjahren, als Studenten die Schanze als billiges Wohnviertel entdeckten, dominierte hier die Protestbewegung. Vor allem rund um die Rote Flora gab es häufig Ausschreitungen. Bis heute konnte sich die Schanze ihren alternativen Charakter größtenteils erhalten, trotz zunehmender Kommerzialisierung und des Zustroms Hamburger Yuppies.

Direkt neben dem alten Schanzenviertel liegt das Karolinenviertel. Beide Viertel sind über das ehemalige Schlachthofgelände hinter der Schanzenstraße miteinander verbunden. Auf diesem Gelände findet jeden Samstag ein Flohmarkt statt. Hauptstraße des Karolinenviertels ist die Marktstraße, auf der sich ein kleiner Laden an den anderen reiht. Hier stellen viele Kreative ihre Arbeiten aus, große Ladenketten haben sich hier – zum Glück – (noch) nicht niedergelassen.

6 Insider-Tipps

Jimmy Elsass

In entspannter Atmosphäre Flammkuchen genießen.

Planten un Blomen

Die botanischen Gärten in Hamburgs schönstem Park besuchen.

Lockengelöt

Witziges Design aus Gebrauchtgegenständen kaufen.

Schanzen-Flohmarkt

Samstags in Secondhand-Sachen stöbern.

Herr Max

Kaffee & Kuchen in einer alten Metzgerei bestellen.

Fotoautomat

Außergewöhnliche Erinnerungsfotos schießen.

- **Sehenswürdigkeiten**
- **Shoppen**
- **Essen & Trinken**
- **100% there**

Sehenswürdigkeiten

(7) **Planten un Blomen** ist Hamburgs schönster Park. Zwischen liebevoll angelegten Blumenwiesen, Teichen und Terrassen kann man mitten in der Stadt wunderbar relaxen. Der Park umfasst auch einen botanischen Garten, tolle Kinderspielplätze sowie einen traditionellen japanischen Garten mit Teehaus. Im Winter kann man hier auf einer Kunsteisbahn Schlittschuh laufen. Im Sommer gibt es jeden Abend am See im nördlichen Parkbereich eine Lichtshow (Wasserlichtorgel).
eingang park u. a. am messeplatz und an der marseillerstraße, eingang kunsteisbahn holstenwall 30, www.plantenunblomen.hamburg.de, telefon: 040 3193546, geöffnet: apr. 7.00-22.00, mai-sept. 7.00-23.00, okt.-märz 7.00-22.00, wasser- und lichtshow mai-aug. gegen 22.00, sept. 21.00, kunsteisbahn nov.-märz, mo-di & do-so 10.00-22.00, mi 10.00-17.00, eintritt: park kostenlos, kunsteisbahn 4,90 € (2,5 stunden), schlittschuhverleih 5 € (2,5 stunden), u-bahn: messehallen, st. pauli, u-bahn/s-bahn: dammtor

(10) Der bedrohlich wirkende **Hochbunker** mit seinen Luftabwehrkanonen wurde im Zweiten Weltkrieg von den Nazis gebaut. Die Architekten bezeichneten ihn als unzerstörbar – und das stimmte auch. Heute bietet der kolossale Betonbau Platz für kreative Kleinunternehmen, einen Nachtclub und ein Loungecafé: Chillen zwischen dicken Mauern.
feldstraße 66, geöffnet: täglich, eintritt: frei, u-bahn: feldstraße

(33) Die umstrittene **Rote Flora** ist ein altes Theater, das 1989 besetzt wurde. Seit dieser Zeit befindet sich hier das Zentrum der Hamburger Linken. 2001 verkaufte die Stadt das historische Gebäude an einen Investor, doch bis heute kämpfen die Anhänger der Roten Flora um den Erhalt ihres kulturellen und politischen Treffpunkts. Dabei kommt es immer wieder zu Demonstrationen und Protestkundgebungen. Wer einmal einen Blick ins Innere werfen möchte: Der Eingang befindet sich an der rechten Seite.
schulterblatt 71, www.rote-flora.de, eintritt: frei, u-bahn/s-bahn: sternschanze

Essen & Trinken

(1) **Hallo Kleines!** macht mit seinen hellen Antikmöbeln und dem freundlichen Holzfußboden einen sehr skandinavischen Eindruck. Unbedingt probieren: den hausgemachten Kuchen und die Rhabarberschorle.
weidenallee 61, www.hallo-kleines.de, telefon: 040 38669333, geöffnet: di-fr 10.00-17.00, sa-so 10.00-18.00, preis: stück kuchen 4 €, u-bahn: christuskirche

(2) Ein echter Geheimtipp ist **Jimmy Elsass**, ein nettes Café mit einem Hauch 70er-Jahre und dem leckersten Flammkuchen (hauchzarte, deutsch-französische Pizza) der Stadt. Statt Besteck gibt es einen Pizzaschneider. Im Sommer sitzt man im Freien auf Baumstämmen oder an Holztischen.
schäferstraße 26, www.jimmyelsass.de, telefon: 040 44195965, geöffnet: täglich 18.00-1.00 (küche bis 23.00), preis: 10 €, u-bahn: christuskirche

(3) Bis in die 80er-Jahre hinein befand sich hier das Tanzlokal Elfriedes Witwenball. Weinbar und Restaurant **Witwenball** holt den Namen mit viel Stil wieder aus der Vergessenheit zurück. Zu wunderbaren Gerichten aus saisonalen Zutaten hat man die Wahl aus 150 erlesenen Weinen – ein Genuss!
weidenallee 20, www.witwenball.com, telefon: 040 53630085, geöffnet: mo-sa 11.30-23.30, preis: abendessen € 17, mittagessen € 8, u-bahn: christuskirche

(6) Am Rand des Schanzenparks liegt das **Café SternChance**. Das Café hat einen offenen Kamin, draußen lockt ein großer Garten mit Terrasse und eingezäuntem Kinderspielplatz. Es gibt ein Frühstücks- und Mittagsbüfett sowie eine einfache Abendkarte.
schröderstiftstraße 7, www.sternchance.de, telefon: 040 44301168, geöffnet: mo-fr 11.00-0.00, sa 10.00-23.00, so 10.00-21.00, preis: 9 €, u-bahn/s-bahn: sternschanze

(8) Im **Café Klatsch** wird den ganzen Tag hindurch Frühstück serviert. Die kitschige Einrichtung ist etwas in die Jahre gekommen, aber dennoch gemütlich. Das Frühstück stellt man sich auf einer Ankreuzliste zusammen, zum Beispiel Ziegenkäse, Avocado, Grapefruit und Quark.
glashüttenstraße 17, www.cafe-klatsch-hamburg.de, telefon: 040 4390443, geöffnet: täglich 10.00-20.00, preis: standardfrühstück 5,70 €, u-bahn: messehallen, feldstraße

PANTER ⑨

⑨ "Nein, wir haben kein WLAN … unterhaltet euch!", so lautet die Botschaft in der 'Cafébarkitchen' **Panter**. Auf jeden Fall sind hier all jene gut aufgehoben, die bei einem Milchkaffee und einem kleinen Imbiss eine Verschnaufpause einlegen möchten. Die einfachen Pastagerichte, Panini und Salate sind von Bio-Qualität und ausgesprochen lecker. Im hippen Café dienen Turngeräte als Sitzgelegenheit. Wer will, kann also nach dem Essen die Pfunde gleich wieder wegtrainieren.

marktstraße 3, telefon: 040 436218, geöffnet: täglich 9.00-22.00, preis: 6 €, u-bahn: messehallen, feldstraße

(16) Bei **Karo Ecke** trifft man sich zum Brunch oder auf einen Samstagskaffee nach dem Flohmarktbesuch. Wer Glück hat, erwischt einen Platz auf der Terrasse unter den Bäumen. Auch abends sehr gemütlich.
marktstraße 92, telefon: 040 449159, geöffnet: mo-so 11.00-0.00, preis: brunch 7 €, u-bahn: feldstraße

(21) Niemand weiß, wie diese Bar eigentlich genau heißt: **Zoë 2**, Sub oder Sofabar. Fest steht, dass hier viele Sofas stehen, auf denen man mit einem kühlen Astra oder einem Wodka-Ahoi abhängen kann. Wie auch direkt gegenüber im **Zoë 3** – beide Bars sind gemütlich und immer voll.
neuer pferdemarkt 17, 19, geöffnet: mo-do 14.00-2.00, fr 14.00-4.00, sa 12.00-4.00, so 12.00-2.00, preis: 8 €, u-bahn: feldstraße, u-bahn/s-bahn: sternschanze

(23) Im gemütlichen **Hatari** wird eine ziemlich breite Palette an Speisen serviert – von Pfälzer Küche bis zum Burger ist alles auf der Karte vertreten. Es sollte also für jeden Geschmack etwas dabei sein. Die Wände sind mit Illustrationen und Geweihen geschmückt, die Atmosphäre ist locker-entspannt.
schanzenstraße 2-4, telefon: 040 43208866, geöffnet: täglich 12.00-23.00, preis: 10 €, u-bahn: feldstraße, u-bahn/s-bahn: sternschanze

(25) **Erika's Eck** ist Kult. Wegen der ungewöhnlichen Öffnungszeiten (die ganze Nacht geöffnet) frühstücken hier um vier Uhr morgens die Taxifahrer, während die Nachtschwärmer ihr letztes Bier bestellen. Und dann gibt's nachts auch noch belegte Brötchen für 1 Euro! Tagsüber locken 250-Gramm-Schnitzel für zehn Euro und fünfzig Cent Hinz und Kunz in die Kneipe.
sternstraße 98, www.erikas-eck.de, telefon: 040 433545, geöffnet: täglich 17.00-14.00, sa-so geschlossen von 9.00-17.00, preis: schnitzel 10,50 €, u-bahn/s-bahn: sternschanze

(26) **Altes Mädchen** ist das moderne Braugasthaus in der Nachbarschaft der Hamburger Traditionsbrauerei Ratsherrn. Über 60 Biersorten stehen hier auf der Karte. Als Starter empfiehlt sich das "Tasting-Tray", ein Tablett mit fünf verschiedenen Fassbieren in 0,1-Liter-Gläsern. Um die Speisekarte kümmern sich die Geschäftsführer der Bullerei. Ob Frühstück, Mittag- oder Abendessen, hier stimmt einfach alles. Unbedingt hingehen!
lagerstraße 28b, www.altes-maedchen.de, telefon: 040 800077750, geöffnet: mo-sa 12.00-1.00, so 10.00-1.00, preis: 18 €, u-bahn/s-bahn: sternschanze

KARO ECKE (16)

(27) Das Restaurant **Bullerei** von Fernsehkoch Tim Mälzer ist eine spektakulär renovierte, ehemalige Schlachthalle im Herzen der Schanze. *Industry meets shabbychic.* Die Tische stammen von Piet Hein Eek, und das Flair des Restaurants ist mindestens genauso lohnenswert wie die moderne deutsche Küche mit südeuropäischem Einschlag. Tagsüber ist das Deli im vorderen Teil fürs Mittagessen geöffnet. Lecker und empfehlenswert.
lagerstraße 34b, www.bullerei.com, telefon: 040 33442110, geöffnet: deli ab 11.00 (keine reservierungen), restaurant ab 18.00, preis: 23 €, u-bahn/s-bahn: sternschanze

(28) Im trubeligen Schanzenviertel ist **Hoffski Hausgemachtes** eine echte Oase. Das kleine Café mit Terrasse ist der perfekte Ort für ein ruhiges Frühstück oder ein Mittagessen mit Quiche und Salat. Beim Chai latte kann man darüber sinnieren, welche Köstlichkeiten man sich noch für daheim aussucht. Bei Hoffski gibt es nämlich selbstgemachte Marmeladen, Belag für Wunderwaffeln aus der Flasche und noch vieles mehr.
bartelsstraße 8, www.hoffski.de, telefon: 040 79696878, geöffnet: mo-fr 9.00-16.00, sa 10.00-17.00, preis: 7 €, u-bahn/s-bahn: sternschanze

(30) Im Schanzenviertel ist **Herr Max** der Treffpunkt für Liebhaber von Kaffee & Kuchen. Hier ist es immer ziemlich belebt, häufig gibt es eine lange Schlange vor der Selbstbedienungstheke mit den herrlichen Torten. Die leicht kitschigen Jugendstil-Fliesen stammen noch aus der Zeit, als das Café eine Metzgerei war.
schulterblatt 12, www.herrmax.de, telefon: 040 69219951, geöffnet: täglich 10.00-21.00, preis: stück kuchen 3 €, u-bahn/s-bahn: sternschanze

(31) Auf der gemütlichen Terrasse des **Cafés unter den Linden** sind Gäste bis spätabends willkommen. Kein Terrassenwetter? Auch im nostalgisch eingerichteten Café lässt es sich bei leckeren Sandwiches und hausgemachten Torten sehr gut aushalten.
juliusstraße 16, www.cafe-unter-den-linden.net, telefon: 040 438140, geöffnet: täglich 9.30-1.00, preis: stück kuchen 3,50 €, u-bahn/s-bahn: sternschanze

(34) Die **Piazza** ist der bekannteste Teil des Schulterblatts, hier reiht sich ein Straßenrestaurant ans andere. Früher gab es fast nur portugiesische Lokale, inzwischen ist das Angebot abwechslungsreicher. Einheimische und Touristen genießen Antipasti im Supermercato Italiano oder eine Caipirinha im extrem beliebten Café Katze.
schulterblatt, zwischen susannenstraße und eifflerstraße, u-bahn/s-bahn: sternschanze

(36) **Gloria** hat gleich mehrere Pluspunkte: eine schöne Terrasse, eine tolle Atmosphäre und ein nettes Publikum. Die Abendkarte besteht aus einfachen Pastagerichten und Salaten, manchmal auch Couscous, Bratfisch und Steinofenpizza. Der perfekte Start für einen aufregenden Schanzen-Abend.
bellealliancestraße 31-33, www.gloriabar.de, telefon: 040 43290464, geöffnet: täglich ab 10.00, preis: 9 €, u-bahn: christuskirche

(37) **Vienna** wird auch das "kommunikativste Restaurant Hamburgs" genannt, denn es ist fast unmöglich, sich nicht in das Gespräch am Nebentisch einzumischen. Die Einrichtung des kleinen österreichischen Bistros ist einfach, klassisch und sehr gemütlich. Neben vielen originellen Gerichten wie Wantan und selbstgemachter Wurst gibt es natürlich auch das klassische Wiener Schnitzel. Reservieren ist nicht möglich, aber das Warten an der Bar lohnt sich. *fettstraße 2, www.vienna-hamburg.de, telefon: 040 4399182, geöffnet: di-so 14.00-2.00 (küche 19.00-23.00), preis: 16 €, u-bahn: christuskirche*

④ PERLE

Shoppen

④ **Perle** ist tatsächlich eine Perle. Ein Laden, in dem man am liebsten gleich alles haben möchte. Es gibt Damen- und Herrenmode von APC, Wood Wood und Schiesser, Taschen von Keecie und Schmuck von David & Martin. Außerdem Baby- und Kinderkleidung, Spielzeug sowie Wohn- und Küchenaccessoires kleiner Marken, jedes Teil hübscher als das andere.
weidenallee 23, www.perle-shop.de, telefon: 040 287812226, geöffnet: di-fr 11.00-19.00, sa 11.00-16.00, u-bahn: christuskirche, u-bahn/s-bahn: sternschanze

⑪ Immer noch nicht gut behütet? Bei **Rotkäppchen Design** ändert sich das schnell. Hier findet jeder einen passenden Hut oder eine Mütze. Dieser Laden erfreut einfach das Herz, denn er steckt voller bunter, witziger Kopfbedeckungen aus der Hand der Modistin Ursula Anna Machalett.
glashüttenstraße 102, www.rotkaeppchen-designs.de, telefon: 040 88145364, geöffnet: mo-fr 12.00-19.00, sa 11.00-16.00, u-bahn: feldstraße

⑫ Recycling auf hohem Niveau. **Redesignshop Lockengelöt** entwirft aus gebrauchten Alltagsgegenständen so mancherlei Dinge mit neuer Funktion: Aus einer Waschmaschinentrommel entsteht eine Lampe und eine LP wird zur Obstschale.
marktstraße 119, www.lockengeloet.com, telefon: 040 89001320, geöffnet: mo-fr 11.00-19.00, sa 11.00-18.00, u-bahn: feldstraße

⑬ Sie nennen sich selbst eine schwer erziehbare Künstlerfamilie. Im **Elternhaus** wird nach eigener Aussage keine Mode gemacht, sondern Kleidung mit Statements versehen, zum Beispiel "Arbeit macht Arbeit". Für die Werbung sorgt der Träger oder die Trägerin, die Straße wird zum Ausstellungsraum. Der Laden mit Holzboden und antiken Möbeln hat etwas von einer Jagdhütte. Brauchen Sie noch ein Teil für den Stadtguerilla-Look? Es gibt hier auch Schmuck, zum Beispiel eine Kette mit silberner Handgranate.
marktstraße 29, www.elternhaus.com, telefon: 040 4308830, geöffnet: mo-sa 11.00-19.00, u-bahn: feldstraße

⑰ HANSEPLATTE

(14) Dandy-Design für Herren und Damen mit Sinn für Qualität: Die Entwürfe von **Herr von Eden** werden aus den besten Stoffen nach Originalschnittmuster im Vintage-Stil erstellt. Für den individuellen Touch werden die Dreiteiler und Oberhemden mit trendigen Elementen versehen. Promis wie Jan Delay sind hier Stammkunden.
marktstraße 33, www.herrvoneden.com, telefon: 040 4390057, geöffnet: mo-fr 11.00-20.00, sa 11.00-18.00, u-bahn: feldstraße

(15) Keine auf Retro gemachten Klamotten, sondern echte Originale gibt's bei **Hot Dogs**. Der Laden hängt und liegt voll mit Sportkleidung aus den Siebziger- und Achtzigerjahren – von Trainingsjacken und Schweißbändern über Gymnastikanzüge bis hin zu Turnschuhen, die sogar Sammlerwert haben. Außerdem gibt es schöne Lederstiefel und die großartige Marke Zirkeltraining, die Produkte aus alten Turnmatten und Leder herstellt.
marktstraße 38, telefon: 040 43274157, geöffnet: mo-fr 10.30-19.30, sa 10.00-19.00, u-bahn: feldstraße

(17) Das gesamte Sortiment des Plattenladens **Hanseplatte** ist "Made in Hamburg": Musik, aber auch Poster, Karten, Taschen, T-Shirts, Geschirr sowie lustige Gadgets. Einfach mal hereinschauen und rumstöbern.
neuer kamp 32, www.hanseplatte.de, telefon: 040 28570193, geöffnet: mo-sa 10.00-18.00, u-bahn: feldstraße

(20) Im ehemaligen Schlachthof verkauft **Wohnkultur 66** klassisches skandinavisches Design des 20. Jahrhunderts. Hier gibt es Möbel des dänischen Designers Finn Juhl sowie von Alvar Aalto, Borge Mogensen und Poul Kjaerholm. Ein Muss für alle Hobby-Innenarchitekten.
sternstraße 66, www.wohnkultur66.de, telefon: 040 436002, geöffnet: di-sa 12.00-18.00, u-bahn: feldstraße, u-bahn/s-bahn: sternschanze

(22) Macht Mode glücklich? **Kauf Dich Glücklich** ist fest davon überzeugt. In dem modernen geräumigen Eckladen dominieren helle Holztöne, und eine Sofaecke lockt als Oase für erschöpfte Kunden oder die wartende Begleitung. Schöne Sachen für Männer und Frauen, Mode, Accessoires und noch viel mehr. Kauf Dich Glücklich hat eine weitere Filiale in der Susannenstraße Nr. 4 und einen Outlet-Shop in der Bartelsstraße Nr. 55 (Hinterhof).
schulterblatt 1, www.kaufdichgluecklich-shop.de, telefon: 040 49222221, geöffnet: mo-sa 11.00-20.00, u-bahn: feldstraße, u-bahn/s-bahn: sternschanze

(24) Der Familienbetrieb **Wohngeschwister** begann mit der Herstellung maßgefertigter Möbel. Inzwischen gibt es im Hof hinter dem Laden in der Schanzenstraße noch ein zweites, größeres Geschäft voller ausgefallener Möbelstücke, bunter Wohnaccessoires und mit jeder Menge schöner Geschenkideen. Nehmen Sie sich ein Stück Schanzen-Flair mit nach Hause.
schanzenstraße 34-36 (innenhof), www.die-wohngeschwister.de, telefon: 040 63657590, geöffnet: mo-fr 11.00-19.30, sa 11.00-19.00, u-bahn/s-bahn: sternschanze, u-bahn: feldstraße

(29) Fashionjäger sollten unbedingt einen Abstecher zum **Mono Concept Store** einplanen. Der minimalistische Laden verkauft bezahlbare Damen- und Herrenmode von überraschenden Marken aus Skandinavien, den Niederlanden, Frankreich und Deutschland, wie Suit, Ucon und Anerkjendt. Es gibt auch ein eigenes Label namens Mono Concept.
rosenhofstraße 5, www.mono-concept.com, telefon: 040 76993101, geöffnet: mo-fr 11.30-19.30, sa 11.00-18.30, u-bahn/s-bahn: sternschanze

(32) **Wie es euch gefällt** wird jeder Frau gefallen: individualistische, aufregende und romantische Kleidung junger Designer aus Deutschland, Dänemark und Schweden für den großen und kleinen Geldbeutel. Die raffinierten Accessoires werden witzig auf Tortenetageren und in Vogelkäfigen präsentiert. Ein Geschäft, das wunderbar zum Stöbern einlädt.
juliusstraße 16, www.wieeseuchgefaellt.blogspot.com, telefon: 040 51909977, geöffnet: mo-fr 11.00-19.00, sa 11.00-17.00 , u-bahn/s-bahn: sternschanze

Unbedingt nötige Leitung zwischen Gefühl und Verstand
NO
FRIEDE VORBEI HURRAH
Elternhaus
Heute keine WARE
POETRY
BURGER

13

11

13

Schanzenviertel & Karolinenviertel

SPAZIERGANG 3 (ca. 7,5 km)

Ab U-Bahn-Station Christuskirche in die Weidenallee (1). Links ab durch den Kloksweg können Sie in der Schäferstraße schnell einen Platz für den leckersten Flammkuchen der Stadt reservieren (2) und dann weiter durch die Weidenallee (3) (4). Links in den Kleinen Schäferkamp einbiegen (5). Vor der Kreuzung rechts in den Park. Weiter geradeaus am alten Wasserturm vorbei. Links in den Rad- und Spazierweg einbiegen (6) und dann nach rechts. Zur Linken liegt jetzt der schönste Park von Hamburg (7). Geradeaus in die Karolinenstraße gehen, dann rechts durch die Karolinenpassage und links in die Glashüttenstraße abbiegen. Entweder hier frühstücken (8) oder sich links in der Marktstraße einen kleinen Snack holen (9). Am Ende rechts den Platz überqueren und an der Ecke rechts in die Feldstraße (10). Wieder rechts in die Glashüttenstraße (11) und dann links erneut in die Marktstraße zum Shoppen (12) (13) (14) (15) (16). Spazieren Sie durch die Schlachthofpassage (17) und machen Sie lustige Fotos (18) oder schlendern Sie am Samstag über den Flohmarkt (19). Skandinavisches Design gibt es ein Stück weiter rechts (20). Den Spaziergang in der Beckstraße fortsetzen. Am Ende geht's rechts zur Schanzenstraße (21) (22) (23) (24). Dann rechts in die Kampstraße abbiegen. Bei Erika's Eck (25) links in die Sternstraße abbiegen. Am Ende die Lagerstraße überqueren, aufs Gelände des früheren Schlachthauses. Lust auf ein besonderes Bier? Dann geht es rechts (26) oder Sie gehen links durch die Hallen bis zur Vorderseite (27). Dann die Treppe hinunter und links in die Schanzenstraße. Am 3001 Kino in die Gasse zur Bartelsstraße (28) abbiegen. Anschließend links in die Susannenstraße (29). Auf dem Schulterblatt nach links gehen (30). Rechts in die Lerchenstraße und wieder rechts in die Lippmannstraße. Danach rechts in die Juliusstraße (31) (32) und dann links über das Schulterblatt, an der Roten Flora (33) und dem Piazza (34) vorbei. Im Florapark (35) klettern gehen oder weiter geradeaus über das Schulterblatt, die Max-Brauer-Allee überqueren und rechts in die Amandastraße. Links in die Lindenallee gehen um zur Bellealliancestraße (36) gelangen. Hier an der Ecke oder noch ein Stück weiter in der Fettstraße (37) kann dann der Abend beginnen.

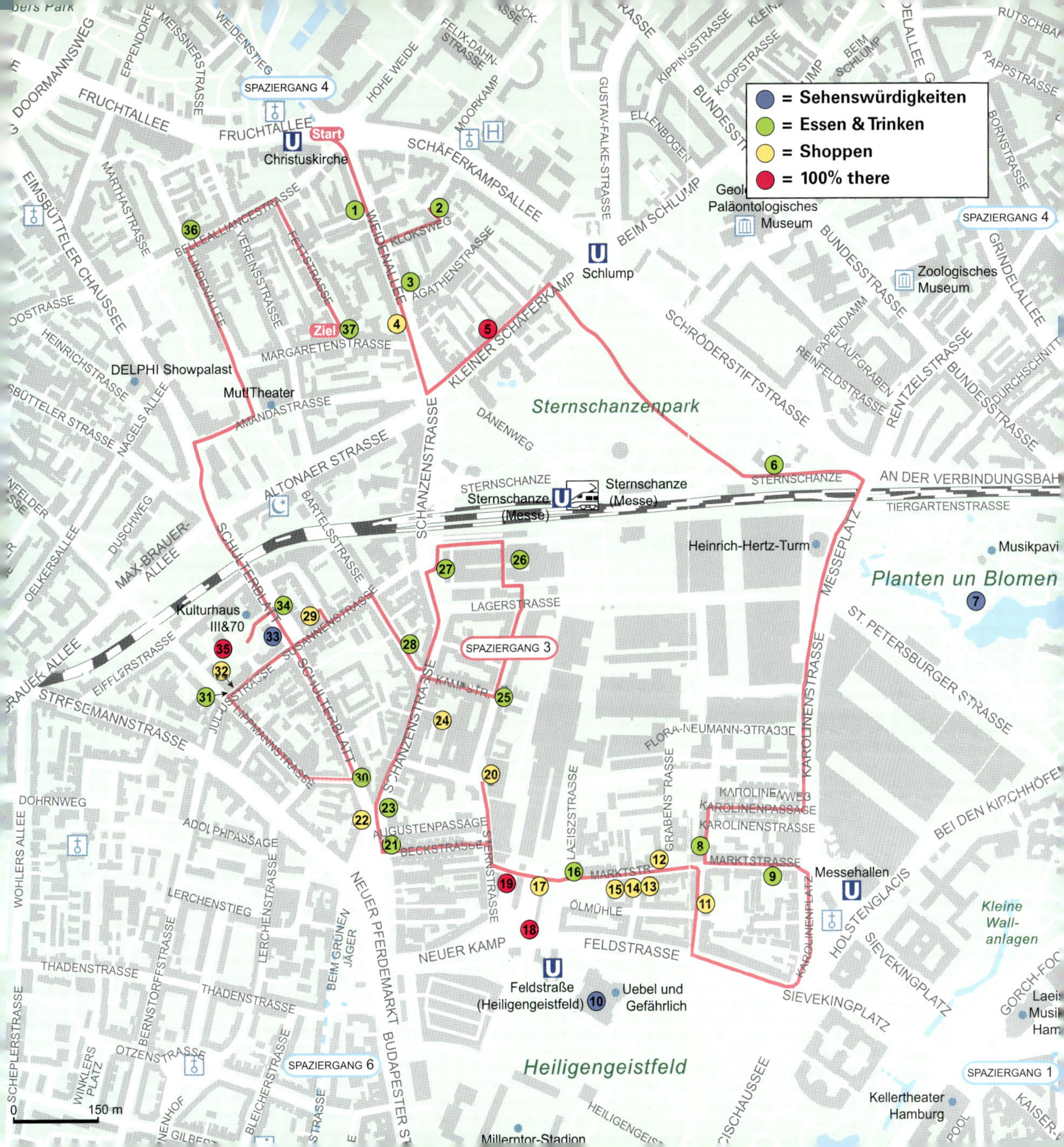
= Sehenswürdigkeiten
= Essen & Trinken
= Shoppen
= 100% there
Start
Ziel
Christuskirche
Fruchtallee
Spaziergang 4
Spaziergang 3
Spaziergang 6
Spaziergang 1
Schlump
Geologisch-Paläontologisches Museum
Zoologisches Museum
Sternschanzenpark
Sternschanze (Messe)
Heinrich-Hertz-Turm
Planten un Blomen
Musikpavillon
Kulturhaus III&70
DELPHI Showpalast
Mut!Theater
Messehallen
Feldstraße (Heiligengeistfeld)
Uebel und Gefährlich
Heiligengeistfeld
Kleine Wallanlagen
Kellertheater Hamburg
Millerntor-Stadion
Doormannsweg
Eppendorfer Weg
Weidenallee
Kleiner Schäferkamp
Schäferkampsallee
Beim Schlump
Bundesstraße
Altonaer Straße
Schanzenstraße
Schulterblatt
Max-Brauer-Allee
Stresemannstraße
Neuer Pferdemarkt
Budapester Straße
Lagerstraße
Karolinenstraße
Marktstraße
Feldstraße
Neuer Kamp
Messeplatz
St. Petersburger Straße
Holstenglacis
Sievekingplatz
Thadenstraße
Eimsbütteler Chaussee
Bellealliancestraße
Margaretenstraße
Amandastraße
Bartelsstraße
Susannenstraße
Juliusstraße
Lippmannstraße
Beckstraße
Augustenpassage
Sternstraße
Lagerstraße
Tiergartenstraße
Rentzelstraße
Schröderstiftstraße
An der Verbindungsbahn
0 150 m

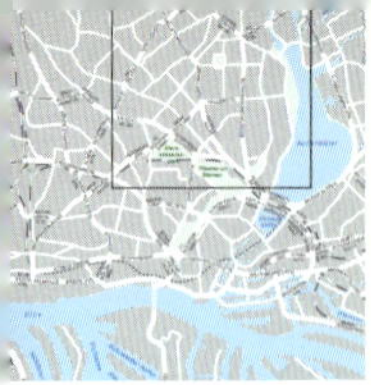

1 Hallo Kleines!
2 Jimmy Elsass
3 Witwenball
4 Perle
5 Unsichtbar
6 Café SternChance
7 Planten un Blomen
8 Café Klatsch
9 Panter
10 Hochbunker
11 Rotkäppchen Design
12 Redesignshop Lockengelöt
13 Elternhaus
14 Herr von Eden
15 Hot Dogs
16 Karo Ecke
17 Hanseplatte
18 Photoautomat
19 Schanzen Flohmarkt
20 Wohnkultur 66
21 Zoë 2 und Zoë 3
22 Kauf Dich Glücklich
23 Hatari
24 Wohngeschwister
25 Erika's Eck
26 Altes Mädchen
27 Bullerei
28 Hoffski Hausgemachtes
29 Mono Concept Store
30 Herr Max
31 Café unter den Linden
32 Wie es euch gefällt
33 Rote Flora
34 Piazza
35 Kilimanschanzo
36 Gloria
37 Vienna

Eimsbüttel, Eppendorf, Harvestehude & Rotherbaum

Villen & Luxusshops, Kneipen & Studenten

Diese vier Wohnviertel am Rand des Zentrums sind weniger touristisch, aber sehr sehenswert. Hier wohnen viele reiche Hamburger, die Läden sind einen Tick exklusiver und die Cafés und Restaurants stilvoll. Das Straßenbild wird von prächtigen weißen und pastellfarbenen Gebäuden im wilhelminischen Stil und von viel Grün dominiert.

Das nicht ganz so schicke Eimsbüttel ist der am dichtesten bevölkerte Stadtteil Hamburgs. Hier wohnen viele junge Familien, da die Mieten noch erschwinglich sind. Zentrum ist die Osterstraße, eine belebte Einkaufsstraße. Der Weg am grünen Isebekkanal entlang ist bei Joggern sehr beliebt, zudem liegt hier auch das "Kaifu-Bad". Die schönste Shoppingmeile ist der Eppendorfer Weg, der, wie der Name schon sagt, bis nach Eppendorf führt.

Eppendorf ist mondän, die Altbauwohnungen sind groß und teuer. Die Popularität dieses Viertels steigt noch immer, was man an den Mietpreisen spürt.

4

Die Atmosphäre in den Cafés und Restaurants ist jedoch bemerkenswert relaxt und gemütlich. Einkaufen kann man auf dem Lehmweg, der Eppendorfer Landstraße und auf dem Öko-Isemarkt.

An der Alster liegt Harvestehude mit seinen Millionärsvillen und Botschaften. Hier haben sich auch viele Werbeagenturen und Antiquitätenhändler niedergelassen. Die historische Milchstraße ist der Beginn des Luxusviertels Pöseldorf. Geruhsam, gediegen und gepflegt.

Westlich von Harvestehude liegt Rotherbaum, das in den zwanziger Jahren das Zentrum der jüdischen Gemeinde war. Einzelne Cafés haben noch jüdische Eigentümer, es gibt ein jüdisches Theater und eine Synagoge. Die Luxusboutiquen und Juweliere wechseln sich mit Secondhandläden und Copyshops ab, denn die Uni liegt um die Ecke. Auf dem Allendeplatz ist deshalb immer etwas los, hier tummeln sich auch abends Studenten und ausgehfreudige Hamburger.

6 Insider-Tipps

ONO

In einem der stadtbesten japanischen Restaurants essen gehen.

7. Zimmer

Einen Speicher voller Secondhandklamotten entdecken.

Petit Café

Für den begehrtesten Kuchen der Gegend anstehen.

Isemarkt

Über den einen Kilometer langen Biomarkt schlendern.

Alsterpark

Boote angucken und an der Alster picknicken.

Ponybar

Wohnzimmeratmosphäre in einer hippen Studentenkneipe schnuppern.

Sehenswürdigkeiten
Shoppen
Essen & Trinken
100% there

Sehenswürdigkeiten

(28) Die **Hauptkirche St. Nikolai** wurde 1962 als Nachfolgerin der im Zweiten Weltkrieg zerstörten ehemaligen Hauptkirche St. Nikolai, die in der Innenstadt stand, errichtet. Das Kirchengebäude hat eine runde Form, der vordere Teil mit dem spitzen, kupfergrünen Turm ist jedoch rechteckig und bildet auch farblich einen interessanten Kontrast zum Rest der Kirche.
harvestehuder weg 118, www.hauptkirche-stnikolai.de, telefon: 040 4411340, geöffnet: täglich 8.00-18.00, eintritt: frei, u-bahn: klosterstern

(30) Die historische **Milchstraße** mit ihrer beinahe dörflichen Atmosphäre liegt im vornehmen Viertel Pöseldorf. Beim Bummeln durch die Straße beeindrucken die herrlichen Gebäude und Villen mit ihren Türmchen und Ornamenten an der Fassade. In der Milchstraße liegen auch das Alt Pöseldorfer Bierhaus, schicke Designerboutiquen und nette Cafés.
milchstraße, u-bahn: hallerstraße

(32) Das **Fernmeldeamt** von 1907 ist ein faszinierendes Beispiel neogotischer Architektur und steht unter Denkmalschutz. Das Sandsteingebäude ist fast vollständig mit Efeu bewachsen, die schönen Details sind aber noch sichtbar. Heute ist hier die Post untergebracht.
schlüterstraße 51-55, u-bahn: hallerstraße

Essen & Trinken

(3) In der **Speisekammer** zu frühstücken, ist einfach ein Traum: Das Essen ist raffiniert und wird mit viel Liebe zusammengestellt. Das stilvolle Café mit der Holzterrasse ist aber auch optisch ein Genuss. Auf der Karte stehen hausgemachte Kuchen, Scones und Brioches, und es gibt ein täglich wechselndes Mittagsgericht.
weidenstieg 5a, www.hamburg-speisekammer.de, telefon: 040 40188124, geöffnet: mo-fr 9.00-19.00, sa 9.00-18.00, so 10.00-18.00, preis: frühstück 10 €, u-bahn: christuskirche

(6) 'Respecting coffee' ist das Motto von **Black Delight**. Hier sieht und schmeckt der Gast, was ein wirklich guter Kaffee ist. Man ist Meister in der Kunst, perfekten Café Latte und Cappuccino zuzubereiten. In dem kleinen Café mit Terrasse herrscht eine sehr relaxte und angenehme Atmosphäre.
eppendorfer weg 67, www.blackdelight.de, telefon: 040 64880078, geöffnet: mo-fr 8.00-18.00, sa-so 10.00-17.00, preis: tasse kaffee 2,80 €, u-bahn: christuskirche

(7) Sind wir noch in Hamburg? Die italienische Familie Oronato verwöhnt ihre Gäste in der kleinen Trattoria **Mercato Venezia** mit gutem Espresso, prima Wein, Pasta al dente, Ciabatta mit Mortadella und köstlichen Antipasti. Zudem ist auch noch die Stimmung angenehm und das Preis-Leistungs-Verhältnis stimmt. *Tutto bene*! Es wird ein täglich wechselndes Lunchmenü serviert.
eppendorfer weg 87, telefon: 040 4015853, geöffnet: mo-sa 7.00-19.00, preis: mittagessen 8 €, u-bahn: christuskirche

(8) Wenn die Zahl der Leute mit rosa Schachteln auf der Straße zunimmt, ist die **Käppchen Kuchen Company** nicht mehr weit. Der fröhliche Laden macht allein schon mit seinem verführerisch süßen Duft und der bonbonrosa Einrichtung glücklich. Und wenn man dann noch die Cupcakes probiert ... Sie können Ihre Lieblingskombination frei wählen, zum Beispiel mit frischer Himbeerfüllung und Vanille-Zuckerguss.
eppendorfer weg 99, www.kaeppchenkuchen.net, telefon: 040 29891713, geöffnet: di-sa 10.00-19.00, so 11.00-18.00, preis: cupcake 5 €, u-bahn: christuskirche

BLACK DELIGHT ⑥

⑩ Die Einrichtung im **Brüdigams** ist ein bunter Stilmix aus Möbeln und Accessoires, die der Besitzer und Koch Frank Brüdigam während seiner zahlreichen Reisen erstanden hat. Auf der Speisekarte stehen internationale Gerichte mit deutscher Note. Frank hat bereits im Londoner Kensington Park Hotel für Lady Di gekocht und stellt nun mit derselben Leidenschaft und viel Sorgfalt in Eimsbüttel Gerichte für jedermann zusammen. Auch der Mittagstisch ist sehr zu empfehlen.
eppendorfer weg 98, www.bruedigams.de, telefon: 040 57012999, geöffnet: mo-sa 11.00-23.30, preis: 18 €, mittagessen 9 €, u-bahn: osterstraße, christuskirche

(11) **ELBE 76** ist eine beliebte Adresse in Eimsbüttel. Ob zum gemütlichen Brunch am Sonntag oder wegen der schönen Terrasse oder der unschlagbaren Pizza. Bei der Auswahl der Zutaten wird viel Wert auf regionale Produkte gelegt. Die Gerichte sind klassisch und stilvoll zubereitet. Auch wenn es mal etwas teuer wird, das nimmt man gerne in Kauf.
bismarckstraße 60, www.elbe76.de, telefon: 040 400235, geöffnet: mo-fr ab 17.00, sa ab 15.00, so ab 10.00 (brunch 10.00-14.00), preis: pizza 12 €, bio-steak 28 €, brunch 12,60 €, u-bahn: hoheluftbrücke

(12) **Trific** ist das frische, einfache und liebevoll eingerichtete Restaurant von Chefkoch Oliver Trific, bekannter Gastrokritiker und Foodstylist. Er führt sein Restaurant mit viel Sorgfalt, und das schmeckt man auch. Zum Beispiel bei der gebratenen Scholle mit Brotsalat an Wildkräutern und Garnelen. Dazu ein deutscher oder österreichischer Wein. Terrific!
eppendorfer weg 170, www.trific.de, telefon: 040 21996927, geöffnet: di-sa 18.00-24.00, preis: 18 €, drei-gänge-menü 30 €, u-bahn: hoheluftbrücke

(13) Seit fünf Jahren ist die **Eppendorfer Grill-Station** Kulisse für die beliebte WDR-Serie "Dittsche: Das wirklich wahre Leben". Hier trinkt der arbeitslose Olli Dittrich jeden Tag im Bademantel sein Bier und nervt den Besitzer mit seinen abstrusen Theorien. Seitdem hat die Imbissbude Kultstatus, und die Fans stehen tatsächlich im Bademantel vor der Tür. Jeden Tag gibt es ein wechselndes Mittagsgericht, Klassiker sind Currywurst und Grillhähnchen. Alles ist superfrisch, denn – so sagt der Besitzer selbst – ohne Qualität gibt's keinen Kult!
eppendorfer weg 172, www.eppendorfer-grillstation.de, telefon: 040 42326809, geöffnet: mo-fr 11.00-21.00, sa-so 12.00-20.00, preis: 5,90 €, u-bahn: hoheluftbrücke

(15) Das **Café Leckerei** ist bei den Muttis der Nachbarschaft und ihrem Nachwuchs äußerst beliebt. Die Kinder toben auf dem gegenüber liegenden Spielplatz, Mama genießt Kaffee und Kuchen oder ein leckeres Mittagessen, das von mediterraner und deutscher Küche inspiriert ist. Die junge türkische Eigentümerin macht alles selbst und ist noch dazu supernett.
eppendorfer weg 240, www.cafe-leckerei.de, geöffnet: mo-fr 8.30-18.00, preis: 5 €, u-bahn: hoheluftbrücke, eppendorfer baum

⑯ Selbst spricht man vorsichtig vom "vielleicht besten Eis der Welt", doch damit hat die **Eiszeit** sicher Recht. Das Angebot ist riesig und es gibt gewagte Geschmackskombinationen wie Amadeus (dunkle Schokolade, Marzipan und Pistaziensoße) und Peanutbutter Jelly (Erdnussbutter mit Himbeersoße): ein Gedicht.
falkenried 47, www.eiszeit-eis.de, telefon: 040 404434, geöffnet: täglich märz 12.30-19.00, apr. & sept. 12.00-20.00, mai-aug. 12.00-22.00, okt. 12.30-18.00, preis: kugel 1,10 €, u-bahn: hoheluftbrücke, eppendorfer baum

(20) Köstliches Sushi gibt es im **ONO**, dem zweiten japanischen Restaurant des Fernsehkochs Steffen Henssler. Durch die minimalistische Einrichtung kann es schon mal etwas laut werden, denn schalldämpfende Gardinen und Teppiche wären hier auch fehl am Platz. Neben Sushi und Sashimi stehen auch Fleisch- und Fischgerichte sowie vegetarische Mahlzeiten auf der Karte. Von der Terrasse aus schaut man auf den Isebekkanal. Im Sommer ist das ONO der Hotspot von Eppendorf.
lehmweg 17, www.onobysteffenhenssler.de, telefon: 040 88171842, geöffnet: mo-sa 12.00-15.00 & 18.00-23.00, preis: 25 €, u-bahn: hoheluftbrücke

(23) Am Wochenende stehen die Kunden vor dem **Petit Café** für eine Portion Streuselkuchen an. Drinnen das Paradies: Die Bleche bilden auf der Theke einen bunten Kuchenteppich, die Einrichtung erinnert an Omas gute Stube und der Kaffee wird noch ganz altmodisch in Kännchen serviert. Wenn man ein Plätzchen zwischen den antiken Möbeln gefunden hat, stellt sich die Frage: Apfel, Himbeere, Rhabarber oder doch lieber Pflaume?
hegestraße 29, www.petitcafe-hamburg.de, telefon: 040 52596090, geöffnet: mo-fr 9.00-19.00, sa 10.00-19.00, so 10.00-18.00, preis: stück kuchen 3 €, u-bahn: eppendorfer baum

(34) Der Kaffee ist ein Highlight, und die Kuchen sind einfach unwiderstehlich. Doch das trendige **Café Leonar** bietet auch eine multikulturelle Speisekarte, die der jüdische Eigentümer selbst zusammenstellt. Bestellen Sie Kaffee und Tchoutchouka (Pochierte Eier mit Tomatensauce) und lassen Sie sich zwischen Künstlern und Schriftstellern verwöhnen.
grindelhof 87, www.cafeleonar.de, telefon: 040 41353011, geöffnet: mo-do 8.00-24.00, fr 8.00-1.00, sa 9.00-1.00, so 9.00-22.00, preis: cappuccino 2,60 €, tchoutchouka 6 €, u-bahn: hallerstraße

(35) In der urgemütlichen literarischen **Mathilde Bar** kann man sich auf altmodischen Sofas ausruhen und neue Energie tanken. Um 18.30 Uhr wird im Barbereich der Startschuss für die Happy Hour gegeben. Dann strömen die Gäste herbei: Studenten, Anwohner und Kinogänger. Mehrmals wöchentlich finden Poetry-Slams und andere Veranstaltungen statt.
bornstraße 16, www.mathilde-hh.de, telefon: 040 41495384, geöffnet: täglich ab 18.00, happy hour 18.30-21.00, preis: cocktail zur happy hour 4,50 €, u-bahn: hallerstraße

PONYBAR (37)

(37) Tagsüber ist die **Ponybar** ein Studentencafé mit dem Flair eines Siebzigorjahre-Wohnzimmers, in dem man auch frühstücken oder eine Suppe schlürfen kann. Am Abend trinkt, schwatzt und flirtet hier ein viel gemischteres Publikum, doch die Preise bewegen sich auch dann auf Studentenniveau. Häufig legen DJs auf oder es werden Ausstellungen und Poetry-Slams organisiert.

allendeplatz 1, www.ponybar.de, telefon: 040 428387895, geöffnet: mo-sa ab 9.00, so ab 10.00, preis: flasche bier 2,50 €, u-bahn: hallerstraße

④ **BLOOM**

Shoppen

(2) Wer etwa nach altem Silberbesteck, einem schönen Gemälde oder einem Nachtschrank sucht, kann bei **Zinnober** wunderbar durch Einrichtungssachen stöbern, die mit gutem Geschmack ausgewählt wurden.
weidenstieg 16, telefon: 040 4918485, geöffnet: di-fr 13.00-19.00, sa 12.00-18.00, u-bahn: christuskirche

(4) Die Boutique **Bloom** verführt mit Damenkleidung, Schuhen und Accessoires und macht geradezu kaufsüchtig. Schon die Schaufenster haben magnetische Wirkung. Bloom verkauft viele nordeuropäische Marken wie Hoss, By Marlene Birger und Baum und Pferdgarten.
eppendorfer weg 56, www.bloom-hamburg.de, telefon: 040 43179984, geöffnet: mo-fr 11.00-19.00, sa 11.00-16.00, u-bahn: christuskirche

(5) Schon die prächtigen Decken im **Palais XIII** sind einen Besuch wert. Hier gibt es exklusive Einrichtungsobjekte, schönes Geschirr und Wohnaccessoires aus aller Welt. Die Inhaberin hat im Souterrain ihr Atelier.
henriettenweg 13, www.palais13.de, telefon: 040 33986226, geöffnet: di-fr 11.00-18.00, sa 11.00-16.00, u-bahn: christuskirche

(9) 'Schöne Dinge aus dem Wald' lautet der Untertitel des Designerladens **WALDSTÜCK**. Hier dreht sich alles um den Wald: ausgefallene Möbel, Einrichtungsgegenstände, Holzspielzeug und edle Designobjekte. Massenware werden Sie hier nicht finden, denn bei WALDSTÜCK stehen Handwerk und Stil, Qualität und Charakter im Mittelpunkt. Es gibt auch Leckeres aus dem Wald zu kaufen, wie Tannenspitzensirup aus Schleswig-Holstein und Weißtannenhonig aus dem Schwarzwald.
osterstraße 18, www.waldstueck.com, telefon: 040 43280140, geöffnet: di fr 10.00-14.00 & 15.00-19.00, sa 10.00-16.00, u-bahn: osterstraße, christuskirche

(14) **Burg's Teeladen** ist die Teeversion der Kaffeerösterei 252 in der nahe gelegenen Löwenstraße. Beide Läden entführen einen in eine Pippi-Langstrumpf-Welt: Die hohen Holzregale sind vollgestopft mit Köstlichkeiten aus aller Welt. Mittendrin Tee, Kaffee und alles, was so dazugehört.
eppendorfer weg 206, www.kaffeeroesterei-burg.de, telefon: 040 4200610, geöffnet: mo-fr 9.00-19.00, sa 9.00-16.00, u-bahn: hoheluftbrücke

⑰ Kochbegeisterte aufgepasst: Der Küchentempel **Cucinaria** hat das größte Sortiment an Küchenutensilien und -geräten in ganz Deutschland – mit über 6000 Produkten, vom Austernmesser bis zur Espressomaschine. Es werden auch Kochkurse, Kaffee und Mittagessen angeboten.
straßenbahnring 12, www.cucinaria.de, telefon: 040 80609990, geöffnet: mo-fr 10.00-19.00, sa 10.00-18.00, u-bahn: hoheluftbrücke

⑱ In ihrem hellen, erfrischenden Laden **Milchmädchen Design** verkauft die Architektin Irina Hultzsch limitierte Auflagen von Produkten, die mit ihren charakteristischen Zeichenmännchen bedruckt sind. Außerdem gibt es handgefertigte Einrichtungsgegenstände von jungen internationalen Designern zu bewundern (und zu kaufen).
lehmweg 47, www.milchmaedchen-design.de, telefon: 040 83981022, geöffnet: di-fr 11.00-13.30 & 14.00-19.00, sa 11.00-16.00, u-bahn: eppendorfer baum

⑲ Der antike Apothekertresen fällt sofort auf, aber dann springen einem die schönen Dinge ins Auge, die **Unterhaltung Lieblingsstücke** verkauft. Kleidung und Accessoires ausgewählter skandinavischer Marken für Damen und Herren, Keramik, Spielzeug, Bücher, lustige Gadgets und sogar Kaffee: Ihr Portemonnaie kommt hier nicht ungeschoren davon.
lehmweg 34, www.unterhaltung-lieblingsstuecke.de , telefon: 040 52103890, geöffnet: mo-fr 10.00-19.00, sa 10.00-16.00, u-bahn: eppendorfer baum

㉑ Im Innenhof geht's die Holztreppe hinauf in den siebten Wohnhimmel von **Das 7. Zimmer**. Es überrascht uns eine überwältigende Sammlung gebrauchter und antiker Sachen, von Wasserkannen und Krügen bis hin zu Heiligenbildchen und Vogelnestern. Außergewönlich und schön.
hegestraße 28 (laden), 7 (showroom), www.das7tezimmer.de, telefon: 040 4272290, geöffnet: mo 13.00-19.00, di-fr 11.00-18.30, sa 11.00-16.00, u-bahn: eppendorfer baum

㉒ Im Laden des Hamburger Labels **FKK** findet man innovative Damen- und Herrenmode, deren Designer zugleich die Eigentümer des Ladens sind. Ihr Lieblingsentwurf für die Dame ist das bequeme Jerseykleid, das es in vielen Variationen gibt. Männer finden hier lässige Anzüge in guter Qualität.
hegestraße 21, www.fkk-fashion.de, telefon: 040 46009041, geöffnet: mo-fr 11.00-19.00, sa 11.00-17.00, u-bahn: eppendorfer baum

PALAIS XIII ⑤

㉔ Ein Paradies für Schokoholics: **Schokovida** ist Laden und Café zugleich, in dem herrliche Schokoladentafeln aus aller Welt regelrecht darauf warten, uns zu verführen. Die eine dick und sahnig, die andere dünn und würzig. Es wird auch selbstgemachtes Schokoladeneis verkauft, unter anderem in den Geschmacksrichtungen Trüffel und Praline. Purer Genuss.
hegestraße 33, www.schokovida.de, telefon: 040 87870808, geöffnet: mo-fr 10.00-19.00, sa 10.00-16.00, u-bahn: eppendorfer baum

(25) Die Eigentümerin Viola Fuchs kommt aus einer "Kräuterfamilie" mit einer sehr langen Tradition. In ihrer kulinarischen Schatzkammer **Viola's** verkauft sie über zweihundert verschiedene Kräuter, diverse Ingwerarten, Öl, Essig, Nüsse, exotische Trockenfrüchte, Pasta und Linsen in allen nur denkbaren Farben und Formen.
eppendorfer baum 43, www.violas.de, telefon: 040 46072676, geöffnet: mo-fr 10.00-19.00, sa 10.00-16.00, u-bahn: eppendorfer baum

(27) Da früher das Angebot an hochwertigen englischen Schuhen in Hamburg sehr begrenzt war, beschloss **Conrad Hasselbach**, sie selbst zu importieren. Dasselbe gilt für die gewagte Kombi aus rosafarbenen Tweedjacken und lila Cordhosen. Inzwischen hat er seinen eigenen Laden, in dem Jagdszenen die Wände schmücken und echte Dandys sich von Kopf bis Fuß einkleiden können.
klosterstern 2, www.conradhasselbach.de, telefon: 040 43091313, geöffnet: mo-fr 10.00-19.00, sa 10.00-16.00, u-bahn: klosterstern

(31) **Micklemas** verkauft nicht nur unverwüstliches Spielzeug, Kinderkleidung und originelles Allerlei, sondern auch schöne Tuniken für die Mamas. Diese können hier eine Tasse Kaffee im Wintergarten trinken, während sich der Nachwuchs mit den tollen neuen Spielsachen beschäftigt.
bei st. johannis 4-6, www.micklemas.de, telefon: 040 45000264, geöffnet: mo-fr 10.00-19.00, sa 10.00-16.00, u-bahn: hallerstraße

(33) **Jimmy.** – 'First-class drinks & secondhand clothes' ist im ganzen Stadtteil Rotherbaum ein Begriff. Beim Stöbern in den Schnäppchen serviert Inhaber Jimmy den Kunden einen guten Wein oder einen Kaffee sowie den neuesten Tratsch aus der Gegend. Mit dem Getränk in der Hand geht es direkt weiter in die benachbarte Schuhbar von **Lynn** (*www.lynnsschuhbar.de*), die u. a. Schuhe von Vagabond und Maguba verkauft.
hartungstraße 20, www.jimmyhamburg.de, telefon: 040 71664955, geöffnet: mo-fr 12.00-20.00, sa 11.00-14.00, u-bahn: hallerstraße

17

Zinnober
2

Eimsbüttel, Eppendorf, Harvestehude & Rotherbaum

SPAZIERGANG 4 (ca. 10 km)

Von der U-Bahn-Station Christuskirche links in den Weidenstieg, rechts liegt das Kaifu-Bad (1). Ein Stück weiter kann man shoppen (2) oder frühstücken (3). An der Kreuzung (4) noch kurz geradeaus in den Henriettenweg (5). Dann zurück, rechts in den Eppendorfer Weg (6) und dann weiter in die andere Richtung (7) (8). An der Kreuzung Osterstraße erst links abbiegen (9) oder weiter geradeaus und einen Tisch reservieren (10) dann den Weg in die andere Richtung durch die Osterstraße gehen. Nach der Brücke links in den kleinen Park am Kaiser-Friedrich-Ufer. Links in die Bogenstraße (11) und dann rechts in die Bismarckstraße. Danach links in die Gneisenaustraße. Am Eppendorfer Weg rechts abbiegen (12) (13) (14) (15). Rechts durch den Falkenried (16) und dann die erste Straße rechts, den Straßenbahnring. Den Ring ganz herumlaufen (17), bis Sie wieder am Falkenried sind. Dann nach links und die zweite Straße rechts nehmen, zwischen den Pfählen durch. Links gehen und dann wieder rechts auf den Eppendorfer Weg. Rechts in den Lehmweg (18) (19). Geradeaus gibt's köstliches Sushi (20), dann zurück in die Hegestraße (21) (22). Den Eppendorfer Baum für einen leckeren Streuselkuchen oder für Schokolade (23) (24) überqueren und dann wieder zurückgehen. Kurz noch nach rechts gehen (25) und dann auf der anderen Seite weiter über den Eppendorfer Baum. Unter der U-Bahn-Brücke ist dienstags und freitags Markt (26). Am Kreisverkehr in den Harvestehuder Weg einbiegen (27) (28). Links durch die vornehme Abteistraße und am Ende rechts in die Heilwigstraße einbiegen. Nach 100 Metern die Sackgasse links nehmen und durch den Park am Wasser entlangspazieren. Krugkoppel überqueren und weiter an der Alster (29) entlang. Rechts am Café Alstercliff den Harvestehuder Weg nehmen, dort links und dann rechts in die Milchstraße. Den Mittelweg überqueren und am Kindergeschäft vorbei (30) (31). Links in die Heimhuderstraße einbiegen und an der Binderstraße rechts. An der nächsten Kreuzung wartet eine Überraschung. Weiter bis zur Schlüterstraße, dann nach rechts (32). Links in die Hartungsstraße (33) abbiegen und dann kurz rechts in den Grindelhof für einen wunderbaren Kaffee (34). Danach geht es über den Grindelhof zurück zum Allendeplatz (35) (36) (37), dort endet der Spaziergang.

= Sehenswürdigkeiten
= Essen & Trinken
= Shoppen
= 100% there
Start
Ziel
SPAZIERGANG 4
SPAZIERGANG 3
0 150 m
SC Victoria Hamburg
Eppendorfer Baum
Klosterstern
Bolivar-park
Eichen-park
Innocentia-park
Hoheluft-brücke
Hoheluftschiff
Theater Zeppelin
Tennis Court
Theater im Zimmer
Alster-vorland
Hallerstraße
Hamburger Kammerspiele
Museum für Völkerkunde
Geologisch-Paläontologisches Museum
Zoologisches Museum
Mineralogisches Museum
Christuskirche
Schlump
Sternschanzenpark
Heinrich-Hertz-Turm
Musikpavillon
Planten un Blomen
Moorweide
Dammtor (Messe/CCH)
Außen-alster
Alster
Rondeel-teich
Isebekkanal
Heilwig-park
Mut!Theater
Showpalast
BREITENFELDER STRASSE
EPPENDORFER WEG
HOHELUFTCHAUSSEE
LEHMWEG
ISESTRASSE
JUNGFRAUENTHAL
HARVESTEHUDER WEG
HALLERSTRASSE
OBERSTRASSE
INNOCENTIASTRASSE
HANSASTRASSE
WERDERSTRASSE
ROTHENBAUMCHAUSSEE
MITTELWEG
GRINDELALLEE
GRINDELBERG
BUNDESSTRASSE
SCHÄFERKAMPSALLEE
FRUCHTALLEE
OSTERSTRASSE
BISMARCKSTRASSE
KAISER-FRIEDRICH-UFER
HOCHALLEE
PARKALLEE
BRAHMSALLEE
KLOSTERSTRASSE
MILCHSTR.
MAGDALENENSTRASSE
HEIMHUDER STRASSE
JOHNSALLEE
BADESTRASSE
FONTENAY
TROPLOWITZSTRASSE
GÄRTNERSTRASSE
LOKSTEDTER STEINDAMM
MARTINISTRASSE
LOOGESTRASSE
HEILWIGSTRASSE
ST. BENEDICTSTRASSE
KRUGKOPPEL
EDMUND-SIEMERS-ALLEE
AN DER VERBINDUNGSBAHN
TIERGARTENSTRASSE
ST. PETERSBURGER STRASSE
MESSEPLATZ

1. Kaifu Bad
2. Zinnober
3. Speisekammer
4. Bloom
5. Palais XIII
6. Black Delight
7. Mercato Venezia
8. Käppchen Kuchen Company
9. Waldstück
10. Brüdigams
11. Elbe 76
12. Trific
13. Eppendorfer Grill-Station
14. Burg's Teeladen
15. Café Leckerei
16. Eiszeit
17. Cucinaria
18. Milchmädchen Design
19. Unterhaltung Lieblingsstücke
20. ONO
21. Das 7. Zimmer
22. FKK
23. Petit Café
24. Schokovida
25. Viola's
26. Isemarkt
27. Conrad Hasselbach
28. Hauptkirche St. Nikolai
29. Alsterpark
30. Milchstraße
31. Micklemas
32. Fernmeldeamt
33. Jimmy.
34. Café Leonar
35. Mathilde Bar
36. Abaton-Kino
37. Ponybar

Altona & Ottensen

Elbe & Fischmarkt, traditionsreich & absolut angesagt

Altona liegt an der Elbe, und dort liegen auch die Highlights des Stadtteils: Der Fischmarkt rund um die Fischauktionshalle ist sonntagmorgens eine der größten und interessantesten Attraktionen der Stadt. Die Stände ziehen sich am Wasser entlang bis weit nach St. Pauli hinein. Es gibt Fischbrötchen, Bier und viele Schnäppchen, untermalt von Livemusik. Und das alles ab sechs Uhr morgens. Weiter an der Elbe entlang gibt es architektonisch sehr interessante Bauwerke wie Stilwerk und Dockland, in denen Wohnungen, Geschäfte, Büros und Restaurants untergebracht sind. Vom Altonaer Balkon aus hat man einen wunderbaren Blick auf die Elbe.

Meistens wird Altona in einem Atemzug mit Ottensen genannt. Das Viertel liegt westlich von Altona und ist voll im Aufwind. Früher war Ottensen ein Arbeiter- und Industriegebiet, heute locken die ehemaligen Fabrikgebäude kreative Firmen an oder werden zu Luxuslofts und gut besuchten Kulturzentren umgebaut, wie die Zeise-Kinos und die Konzertbühne Fabrik.

5

Das Angebot an Bars und Clubs macht Ottensen zum neuen Hotspot des Nachtlebens. Das Publikum ist jung, individuell, kunstinteressiert und ein bisschen öko. Große Rainstraße, Ottenser Hauptstraße und Friedensallee sind die schönsten Straßen von Ottensen. Zwischen Bars und Cafés gibt es hier auch ausgefallene Läden und nette Restaurants zu entdecken. Ottensen hat auch ein nettes Einkaufszentrum, Mercado, das in der Ottenser Hauptstraße direkt am Bahnhof Altona liegt.

An schönen Tagen macht sich ganz Ottensen zum Elbstrand auf, der im südlichen Teil des Viertels mit Sandstrand und Strandbar lockt. Hier kann man herrlich in der Sonne liegen, abhängen und lesen. Doch die Lieblingsbeschäftigung der Hamburger scheint derzeit das Grillen zu sein. Während die Würstchen über dem Feuer brutzeln, zieht ein gigantisches Containerschiff nach dem anderen vorbei: ein toller Anblick. Schwimmen ist erlaubt, doch wegen der starken Strömung sollte man vorsichtig sein.

6 Insider-Tipps

Altonaer Fischmarkt

Sonntags früh das Marktspektakel erleben.

CafeBar Amphore

Frühstücken mit Panoramablick.

Fisch & So

Eine köstliche Fischsuppe schlürfen.

Altonaer Balkon

Den Sonnenuntergang genießen.

Mikkels

Kaffee trinken wie bei Freunden.

Kaufmannsladen

Himmlischen Kakaokuchen probieren.

- **Sehenswürdigkeiten**
- **Shoppen**
- **Essen & Trinken**
- **100% there**

Sehenswürdigkeiten

④ Die **Hafenstraße** hat eine bewegte Vergangenheit hinter sich. In den Achtzigern wurde sie zum rechtsfreien Gebiet ausgerufen, es kam zu Hausbesetzungen, Straßenbarrikaden und später Räumungen. Die bunt bemalten Häuser erinnern noch an diese Zeit, und Initiativen wie Park Fiction und der Golden Pudel Club zeigen, dass die alternative Szene noch immer lebendig ist.
st. pauli hafenstraße, u-bahn/s-bahn: landungsbrücken, s-bahn: reeperbahn, u-bahn: st. pauli

⑫ Das **Altonaer Museum** ist das größte Regionalmuseum Deutschlands. Es gibt einen Überblick über die Kulturgeschichte des 19. und 20. Jahrhunderts in Hamburg und Umgebung. Die feste Sammlung umfasst Gemälde, Grafiken und Handwerk, zusätzlich finden Wechselausstellungen statt. Das Altonaer Museum ist zwar nicht so bekannt, aber sehr sehenswert.
museumstraße 23, www.altonaermuseum.de, telefon: 040 4281353582, geöffnet: di-so 10.00-17.00, eintritt: 6 €, s-bahn: altona, königstraße

⑬ Der **Stuhlmannbrunnen** ist ein imposantes Bauwerk auf dem Platz der Republik. Günther Ludwig Stuhlmann schenkte dem Stadtteil 1869 das Geld, um diesen großen Brunnen errichten zu lassen. Zwei Zentauren winden sich um einen riesigen Fisch, einer von ihnen scheint die Kontrolle zu verlieren und alle kämpfen um ihr Leben. Drumherum versuchen verschiedene kleine Wasserbewohner zu helfen. Die Figurengruppe ist eine Allegorie auf den früheren Streit um den Fischfang, der zwischen Hamburg und dem damals eigenständigen Altona immer wieder aufloderte.
platz der republik, s-bahn: altona, königstraße

Essen & Trinken

③ In der **CafeBar Amphore** trifft man sich vor allem zum Frühstück. Mit Jazzmusik im Hintergrund genießt man auf der Terrasse der höher gelegenen Hafenstraße einen traumhaften Panoramablick. Drinnen sorgen schummrige Beleuchtung und niedrige Decken für eine gemütliche Atmosphäre. Hier starten Sie perfekt in Ihren Hamburg-Tag.
st. pauli hafenstraße 140, www.cafe-amphore.de, telefon: 040 31793880, geöffnet: di-do ab 12.00, fr-so ab 10.00, preis: frühstück 8 €, u-bahn/s-bahn: landungsbrücken, s-bahn: reeperbahn, u-bahn: st. pauli

⑥ **Zum Schellfischposten** ist die älteste Seemannskneipe der Stadt. Ideal, um sich nach dem Fischmarktbesuch ein schnelles Astra zu gönnen. Die Kneipe ist auch Kulisse für die musikalische Talkshow "Inas Nacht". Außer Bier gibt es auch einfache, aber gut belegte Brötchen.
carsten-rehder-straße 62, www.schellfischposten.de, telefon: 040 383422, geöffnet: mo-sa ab 12.00, so ab 7.00, preis: sandwich 3,50 €, s-bahn: königstraße

⑧ Fernsehkoch Steffen Henssler, Absolvent der Sushi Academy in Los Angeles, kehrte nach Hamburg zurück, um mit seinem Vater das angesagte **Henssler & Henssler** zu eröffnen. Im großen Sushi-Restaurant mit Fabrikatmosphäre kombinieren sie klassische japanische Küche mit internationalen Einflüssen der Cuisine Pacifique. So gibt es moderne Sushi-Varianten und Fisch vom Grill, alles originell serviert. Sashimi *on the rocks* wird beispielsweise auf einer Schale mit Eiswürfeln serviert. Das Essen ist so gut, dass man noch tagelang davon schwärmt.
große elbstraße 160, www.hensslerhenssler.de, telefon: 040 38699000, geöffnet: mo-sa 12.00-15.00 & 18.00-23.30, preis: 26 €, s-bahn: königstraße

⑨ Eine spektakuläre Einrichtung ist im **Fisch & So** nicht zu erwarten: Hier geht es ganz basic zu und alles dreht sich um leckeren Fisch für einen kleinen Preis. Wie wär's mit einem butterzarten Pannfisch mit Bratkartoffeln oder einer grandiosen Fischsuppe?
große elbstraße 117, telefon: 040 3893109, geöffnet: mo-fr 9.00-17.00, sa-so 9.00-18.00, preis: 8 €, s-bahn: königstraße

MIKKELS (19)

(10) Versteckt im Grünen und einen Steinwurf vom fast gleichnamigen Aussichtspunkt entfernt liegt die Kneipe mit Biergarten **Altonas Balkon**. Hier ist es einfach großartig: Weitab vom Trubel, in einem über der Elbe gelegenen Park, genießt man unter Bäumen an einem der vielen Holztische ein kühles Bier und die tolle Aussicht auf den Hafen. Ein idyllisches Stück Hamburg. *palmaille 41, www.altonas-balkon.de, telefon: 040 54806690, geöffnet: di-fr 12.00-19.00, sa-so 12.00-20.00 (bei schönem wetter auch länger), preis: bier 3,50 €, s-bahn: königstraße*

⑮ Im **Gasthof Möhrchen** wird mit Saisonprodukten direkt vom Bauern gekocht. Die hausgemachten Rillettes und Patés sind göttlich. Die Einrichtung ist einfach, hat aber Stil. Sehr empfehlenswert.
spritzenplatz 4, www.gasthof-moehrchen.de, telefon: 040 41358174, geöffnet: mo-fr 12.00-24.00, sa 18.30-0.00, preis: 18 €, s-bahn: altona

⑯ Moderne Schweizer Küche in zwanglosem Ambiente. **Schweizweit** ist Delikatessenladen und Restaurant in einem. Im schön renovierten Souterrain fängt man morgens mit Kaffee und einem Schweizer Müsli an. Zum Mittag- und Abendessen stehen Perlhuhn, Kalbsnierchen oder ein klassisches Käsefondue zur Auswahl. Fehlen eigentlich nur noch die Berge ...
große rainstraße 20, www.schweizweit.de, telefon: 040 39907000, geöffnet: täglich 10.00-24.00, preis: 18 €, s-bahn: altona

⑱ Sehen und gesehen werden heißt es im trendigen Café **Knuth**. Morgens Treffpunkt für junge Eltern, abends Relaxzone nach einem langen Arbeitstag. Das Frühstück ist sehr zu empfehlen, eine Reservierung ebenso.
große rainstraße 21, www.cafeknuth.de, telefon: 040 46008708, geöffnet: mo-sa ab 9.00, so 10.00-20.00, preis: frühstück 7 €, s-bahn: altona

⑲ Im skandinavisch anmutenden **Mikkels** fühlt man sich wie bei Freunden zu Hause. Es gibt Kaffee, Scones und Minikuchen, der frisch aus der Küche kommt. Die Designermöbel, auf denen man sitzt, und all die vielen anderen hübschen Dinge kann man auch direkt kaufen.
kleine rainstraße 10, www.mikkels.de, telefon: 040 76995072, geöffnet: di-sa 9.00-18.00, so 10.00-16.00 (nur mit reservierung), preis: kuchen ab 1 €, s-bahn: altona

㉒ Im hell eingerichteten Café der **Torrefaktum Kaffeerösterei** gibt es herrlich frischen Kaffee mit Aussicht auf die Röstmaschinen und die Holzkisten mit frisch gerösteten Bohnen. Auch die Kissen auf den groben Holzbänken erinnern daran, dass sich hier alles um Kaffee dreht: Sie bestehen aus alten Kaffeesäcken. Die leeren Jutesäcke werden auch zum Verkauf angeboten, falls sich jemand selbst Kissenbezüge nähen möchte.
bahrenfelder straße 237, www.torrefaktum.de, telefon: 040 298126310, geöffnet: mo-fr 8.00-19.00, sa 10.00-16.00, preis: tasse kaffee 2,50 €, s-bahn: altona

KNUTH 18

(26) Tagesüber kann man im **Aurel** noch in aller Ruhe Kaffee trinken, aber ab 18.00 Uhr wird es unglaublich voll. Die guten und günstigen Getränke sind nämlich beim Ottenser Publikum äußerst beliebt. Einen Versuch wert: das köstliche Bier "Große Freiheit". Die dunkle, retro-barocke Einrichtung schafft eine gemütliche Atmosphäre. Es gibt auch romantische Nischen für den Abend zu zweit. Drinnen ist kein Platz mehr? Macht nichts, die Altonaer sitzen auch draußen auf dem Bürgersteig.
bahrenfelder straße 157, telefon: 040 3902727, geöffnet: mo-so ab 10.00, preis: caipirinha 18.00-21.00 4 €, s-bahn: altona

(29) Während die Waschmaschine läuft, lässt man sich den Cocktail schmecken. Oder man macht es sich auf der Turnmatten-Liegewiese im Innenhof bequem. Das relaxte **Laundrette** ist Waschsalon und Café in einem. Von Donnerstag bis Samstag legen DJs auf und es wird zwischen Waschmaschinen und Trocknern getanzt.
ottenser hauptstraße 56, www.laundrette.de, telefon: 040 51908243, geöffnet: so-do 9.00-0.00, vr-sa ab 9.00 (waschen täglich 8.30-20.00), preis: cocktails 18.00-21.00 5 €, s-bahn: altona

(30) Die lange Schlange im Sommer sagt alles: Der kleine Eissalon **Eisliebe** hat das beste Eis von ganz Ottensen. Es wird täglich mit viel Liebe und frischen Früchten zubereitet. Zimt-Pflaumen-Eis – unwiderstehlich lecker.
bei der reitbahn 2, telefon: 040 39808482, geöffnet: täglich 12.00-19.00, preis: kugel 1,10 €, s-bahn: altona

(35) Das gemütlich-stilvolle Restaurant **Kleine Brunnenstraße 1** versteckt sich in einem ruhigen Wohngebiet. Hier werden herrliche Saltimbocca und Seebarbe mit Auberginen-Cashew-Mus serviert. Es ist immer voll, aber das ist typisch für Ottensen: viele Freunde, wenig Platz. Die schöne Terrasse wird auch gerne von Anwohnern genutzt, die selbst keinen Balkon haben.
kleine brunnenstraße 1, www.kleine-brunnenstrasse.de, telefon: 040 39907772, geöffnet: mo-sa 12.00-15.00 & ab 18.00, so ab 18.00, preis: 20 €, s-bahn: altona

LAUNDRETTE ㉙

㊱ **TIDE Treibholz & Feinkost** bietet genau das, was es verspricht: Treibholz und Feinkost. Zum Beispiel Bio-Himbeerquark, ein Brötchen mit Ziegensalami oder hausgemachtes Pesto. Im Raum neben dem toll gestalteten Cafébereich ist das Treibholzdesign des Inhabers Frank Walbeck zu bewundern (und zu kaufen).

rothestraße 53, www.tide.dk, telefon: 040 41111499, geöffnet: mo-fr 8.00-18.00, sa 10.00-18.00, preis: sandwich 5 €, s-bahn: altona

Shoppen

(5) Exklusives Design findet man im **Stilwerk**. In der renovierten, ehemaligen Malzfabrik werden auf 11000 Quadratmetern und sieben Etagen über dreihundert innovative Einrichtungsmarken präsentiert. Luxussofas von Bretz, Lampen von Tobias Grau und der Flagship-Store der italienischen Marke Kartell. Hier kann man locker einige Stunden zubringen.
große elbstraße 68, www.stilwerk.de, telefon: 040 30621100, geöffnet: mo-fr 10.00-19.00, sa 10.00-18.00, so 13.00-18.00 (so kein verkauf), u-bahn/s-bahn: landungsbrücken, s-bahn: königstraße

(7) Ein dickes Portemonnaie mitnehmen oder die Hände festbinden: Im **Werkhaus Fashion** gibt es nationale und internationale Labels für sie und ihn. Verkauft wird unter anderem RIKA, Schiesser Revival, Raf Simons, Maison Martin Margiela, Helmut Lang, American Vintage und Lala Berlin.
große elbstraße 146, www.werkhaus-fashion.de, telefon: 040 38616122, geöffnet: mo-fr 12.00-20.00, sa 11.00-20.00, so 13.00-18.00 (kein verkauf), s-bahn: königstraße

(14) Bei **Herzberg** lässt es sich zwischen den vielen schönen Dingen nach Herzenslust stöbern. Die fünf Eigentümerinnen haben alle ein eigenes, besonderes Talent: Die eine malt, die anderen machen Hüte, Möbel, Schmuck und Blumendekorationen. Inspirierende Damen, gemütliche Stimmung, unwiderstehliche Meisterwerke.
erzbergerstraße 19, www.herzbergdesign.de, telefon: 040 52594263, geöffnet: mo-fr 11.00-19.00, sa 11.00-16.00, s-bahn: altona

(17) Auf der Suche nach raffinierter und dennoch ökologischer Kleidung? Die Fair-Trade-Designermode von **Maygreen** ist schön und umweltfreundlich. Es gibt auch bekannte Modelabels wie Filippa K.
große rainstraße 17, www.maygreen.de, telefon: 040 39109900, geöffnet: mo-fr 11.00-19.00, sa 11.00-17.00, s-bahn: altona

WERKHAUS FASHION ⑦

(20) Gewürze, Tee, Öl, frisch gebackenes Brot, Müsli zum Zusammenstellen und Geschirr: Der **Kaufmannsladen** ist einer dieser Läden, den man nicht mit leeren Händen verlässt. Der Kakaokuchen, beliebter Mittagsnachtisch für Büroangestellte aus der Umgebung, ist einfach himmlisch. Ein Drama, wenn er schon vor dem Mittag ausverkauft ist, erzählt der Besitzer.
bahrenfelder straße 203, www.kaufmannsladen.de, telefon: 040 4904792, geöffnet: mo-fr 8.00-19.00, sa 9.00-18.00, s-bahn: altona

(23) In einem idyllischen Hinterhof verkauft **Königreich** Einrichtungsgegenstände mit französischem Pfiff. Die knallbunten, süßen Macarons in der Küche, die französischen Chansons aus dem Lautsprecher und eine Citroën-Ente mitten im Laden sorgen für echtes Frankreich-Flair.
friedensallee 26 (innenhof), www.koenigreich-hamburg.de, telefon: 040 89070709, geöffnet: mi-sa 12.00-18.00, s-bahn: altona

(25) Süß duftet es aus dem bunten **Bonscheladen**. Bonsche ist Hamburgisch für "Bonbon", und genau die werden in diesem Laden sehr verführerisch angeboten. Jeden Tag um 16.15 Uhr und samstags um 14.30 Uhr wird vorgeführt, wie aus einem großen Klumpen Zucker Hunderte kleiner Süßigkeiten entstehen. Unbedingt mal reinschauen!
friedensallee 12, www.bonscheladen.de, telefon: 040 41547567, geöffnet: di-fr 11.00-18.30, sa 11.00-16.00, s-bahn: altona

(27) **Vergissmeinnicht** liegt in einem kleinen Innenhof hinter der Ottenser Hauptstraße. In dem niedlichen Kindergeschäft findet man eine nostalgisch-klassische Mischung aus Spielzeug und Baby- und Kinderkleidung. Für kleine Matrosen und Seemänner gibt es Klamotten mit maritimem Touch.
ottenser hauptstraße 44 (innenhof), www.vergissmeinnicht-hamburg.de, telefon: 040 29812593, geöffnet: mo-fr 10.00-18.00, sa 11.00-16.00, s-bahn: altona

(28) Hier wird klar, wo die Ottenser Künstler ihr Material kaufen: In der **Druckwerkstatt Ottensen** gibt es alles rund ums Papier. Außerdem finden Schöngeister ein ganzes Sortiment an Designstücken wie Geschirr, Filzuntersetzer und andere hübsche Sachen. Ein inspirierender Laden.
ottenser hauptstraße 44-48, www.druckwerkstatt-ottensen.de, telefon: 040 3986360, geöffnet: mo-fr 10.00-19.00, sa 10.00-16.00, s-bahn: altona

MAYGREEN ⑰

(31) An dieser unauffälligen Schatzkammer läuft man schnell mal vorbei. **Heimat** beherbergt Tausende ausgefallener Geschenkideen, die sich nicht so leicht auf einen Nenner bringen lassen. Von Kappen und Sattelbezügen über Geschirr bis hin zu Streichholzschachtelkunst – hier gibt es vieles zu entdecken. Bei Heimat bekommen Sie auch Designprodukte der Hamburger Marke dekoop. Und alles wird auch noch schön kreativ verpackt.
große brunnenstraße 70, www.heimat-ottensen.de, telefon: 0162 1900980, geöffnet: mi-fr 12.00-18.00, di & sa 11.00-15.00, s-bahn: altona

(32) Wie der Name schon vermuten lässt, ist die Mode von **L'Ephemere** französischen Ursprungs. Damenkleidung von Sessùn oder Accessoires von Virginie Monroe – man muss nicht nach Paris, um *en vogue* zu sein!
bei der reitbahn 3, www.lephemere.de, telefon: 040 39190880, geöffnet: mo-fr 11.00-19.00, sa 11.00-17.00, s-bahn: altona

(33) Haben der Michel oder der Hamburger Hafen schon Ihr Herz erobert? Im **Atelier Nigoh** gibt es moderne, erschwingliche Gemälde von Hamburgs Sehenswürdigkeiten sowie Silhouetten der Stadt, festgehalten auf Leinwand. Ein perfektes Souvenir.
eulenstraße 62, www.nigoh.de, telefon: 040 65796995, geöffnet: di-fr 11.00-12.30 & 13.30-19.00, sa 11.00-16.00, s-bahn: altona

(34) Lust auf ein Stück England? Dann ist das kleine britische Kaufhaus **Sweet Suburbia** genau richtig. Dort finden Sie typisch englische Marken: Kleidung von Ben Sherman und Pringle of Scotland, Kosmetik von Woods of Windsor und Lebensmittel wie Marmite, Lemon Curd und Hampstead Tea.
eulenstraße 49, www.sweetsuburbia.de, telefon: 040 42102640, geöffnet: mo-fr 11.00-19.00, sa 11.00-16.00, s-bahn: altona

DRUCKWERKSTATT OTTENSEN ㉘

Altona & Ottensen

SPAZIERGANG 5 (ca. 6 km)

Die Fähre zum Fischmarkt nehmen (1). Dann ein Stück zurück Richtung Stadt über die Große Elbstraße und an der Fußgängerbrücke die Treppe hoch (2). Hier gibt's Frühstück mit dem besten Blick auf die Stadt (3) (4). Zurück über die Große Elbstraße (5). Den Fischmarkt verpasst? Dann gibt's etwas weiter rechts leckere Fischbrötchen (6), direkt neben Hamburgs ältesten Treppen. Zwei Treppen hinauf und über den unbefestigten Weg links nach unten (7). Rechts kommt ein vornehmes Sushi-Restaurant (8) und links gibt's einfache, aber leckere Fischsuppe (9). Die Straße am Restaurant Marseille nehmen und die Treppe bis ganz nach oben. Dann links herum durch den Park (10) zum allerschönsten Aussichtspunkt (11). Zur großen Straße gehen und links vom weißen Altonaer Rathaus in die Betty-Levi-Passage einbiegen, die in die Museumstraße (12) übergeht. Rechts auf dem Platz der Republik steht ein historischer Brunnen (13). Nach links zur Braunschweigerstraße und dann rechts in Am Felde einbiegen. An der Ecke bei Fisch links in die Erzbergerstraße (14). Auf dem Spritzenplatz (15) ist dienstags und freitags Biomarkt. Den Platz überqueren, in die Große Rainstraße einbiegen (16) (17) (18) und links durch die Kleine Rainstraße (19). Am Ende rechts in die Bahrenfelderstraße (20). An der Kreuzung Barnerstraße liegt rechts das beliebte Kulturzentrum Fabrik (21). Einen Abstecher zur Kaffeerösterei (22) geradeaus machen. Dann zurück in die Barnerstraße und links in die Friedensallee (23) zu den schönen Zeise-Kinos (24) oder um etwas Süßes für unterwegs zu kaufen (25) bzw. gemütlich Kaffee zu trinken (26). Geradeaus durch die Bahrenfelderstraße. Am Ende rechts in die Ottenser Hauptstraße, wo hübsche Läden und gemütliche Cafés liegen (27) (28) (29). Links in die Große Brunnenstraße einbiegen und gegenüber ein leckeres Eis essen (30) (31) (32). Links in die Eulenstraße, um stilvolle Souvenirs (33) und typisch englische Produkte (34) zu kaufen. Schließlich gegenüber durch die Rothestraße (35) (36). Der Spaziergang endet in der Ottenser Hauptstraße, wo einem gemütlichen Ottenser Abend nichts mehr im Wege steht.

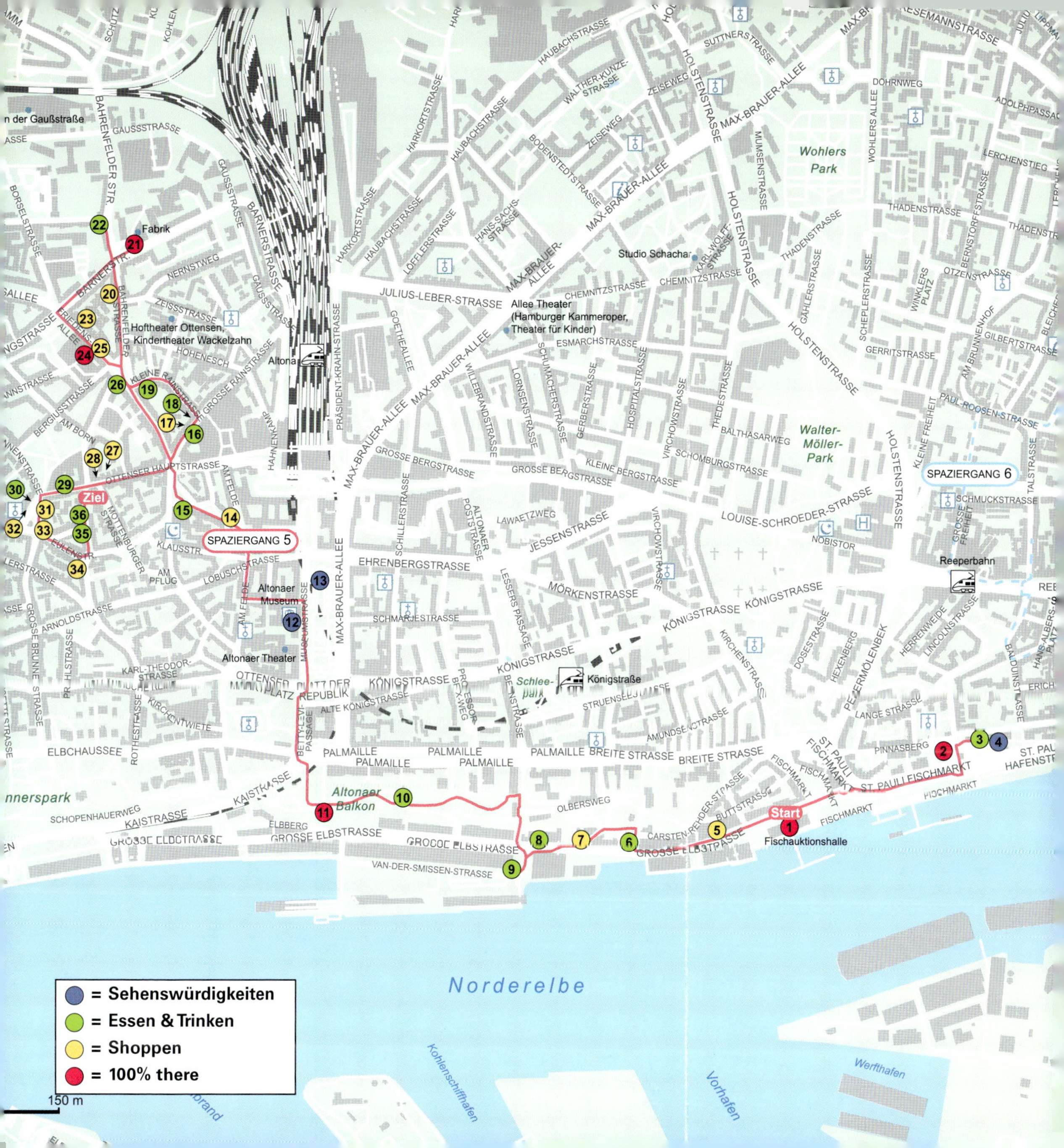

= Sehenswürdigkeiten
= Essen & Trinken
= Shoppen
= 100% there
150 m
Start
Ziel
Fischauktionshalle
SPAZIERGANG 5
SPAZIERGANG 6
Norderelbe
Altonaer Balkon
Altonaer Museum
Altonaer Theater
Altona
Königstraße
Reeperbahn
Fabrik
Hoftheater Ottensen,
Kindertheater Wackelzahn
Allee Theater
(Hamburger Kammeroper,
Theater für Kinder)
Studio Schachar
Wohlers Park
Walter-Möller-Park
Schleepark
Kohlenschiffhafen
Vorhafen
Werfthafen
MAX-BRAUER-ALLEE
HOLSTENSTRASSE
JULIUS-LEBER-STRASSE
GROSSE BERGSTRASSE
LOUISE-SCHROEDER-STRASSE
KÖNIGSTRASSE
PALMAILLE
BREITE STRASSE
GROSSE ELBSTRASSE
ST. PAULI FISCHMARKT
ELBCHAUSSEE
OTTENSER HAUPTSTRASSE
BAHRENFELDER STR.
BARNERSTRASSE
EHRENBERGSTRASSE
MÖRKENSTRASSE
PRÄSIDENT-KRAHN-STRASSE
VAN-DER-SMISSEN-STRASSE
KAISTRASSE
PLATZ DER REPUBLIK

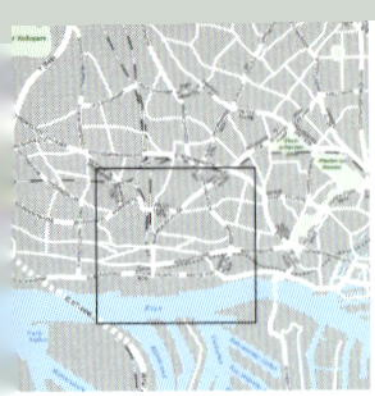

1. Altonaer Fischmarkt
2. Park Fiction
3. CafeBar Amphore
4. Hafenstraße
5. Stilwerk
6. Zum Schellfischposten
7. Werkhaus Fashion
8. Henssler & Henssler
9. Fisch & So
10. Altonas Balkon
11. Altonaer Balkon
12. Altonaer Museum
13. Stuhlmannbrunnen
14. Herzberg
15. Gasthof Möhrchen
16. Schweizweit
17. Maygreen
18. Knuth
19. Mikkels
20. Kaufmannsladen
21. Fabrik
22. Torrefaktum Kaffeerösterei
23. Königreich
24. Zeise Kinos
25. Bonscheladen
26. Aurel
27. Vergissmeinnicht
28. Druckwerkstatt Ottensen
29. Laundrette
30. Eisliebe
31. Heimat
32. L'Ephemere
33. Atelier Nigoh
34. Sweet Suburbia
35. Kleine Brunnenstraße 1
36. TIDE Treibholz & Feinkost

St. Pauli

Vergnügen im Rotlichtviertel & Schiffeschauen im Hafen

Das alte Seemannsviertel St. Pauli ist Hamburgs Vergnügungsmeile. Die Reeperbahn (auch Kiez genannt) lockt mit Sexclubs und Bars, Theatern am Spielbudenplatz und dem Fußballstadion des FC St. Pauli. Dieser Stadtteil steht für Sex, Ausgehen und alternative Szene, aber leider auch für Drogen und Kriminalität.

Als große Hafenstadt hat Hamburg ein riesiges Rotlichtviertel mit einer langen Geschichte. Auf dem Spielbudenplatz hat im 18. Jahrhundert alles angefangen, damals noch mit echten Spielbuden und Kleinkünstlern. Auch die Beatles haben hier Geschichte geschrieben, und darauf ist Hamburg stolz. Sie haben hier etwa sechs Jahre gelebt. Im inzwischen verschwundenen Star-Club auf der Großen Freiheit, der berühmtesten Seitenstraße der Reeperbahn, begann ihre Erfolgsgeschichte. Der Beatles-Platz mit dem Denkmal erinnert an diese Zeit.

6

Ein gemischteres Publikum als auf dem Kiez gibt es nirgendwo sonst. Neben zwielichtigen Gestalten, Horden von Touristen und aufgedrehten Jugendlichen feiert hier auch das hippe Hamburg. Der Hamburger Berg mit urgemütlichen Tanzkneipen ist sehr beliebt, und auf der Reeperbahn sind neben Sexshops auch gute Clubs und Cocktailbars zu finden. Zum Schanzenviertel hin ist die Wohlwillstraße ein Magnet, mit alternativ-trendigen Läden, Cafés und Bars. Das Publikum ist kreativ und politisch engagiert, das Straßenbild leicht chaotisch und voller Street-Art und Graffiti.

Nicht nur auf der Reeperbahn, auch in Hamburgs Containerhafen, dem drittgrößten Hafen Europas, herrscht rund um die Uhr Betrieb. Vom Aussichtspunkt an der Jugendherberge ist der Urwald aus Kränen und Containern gut zu überblicken. Zwischen Landungsbrücken und Michel liegt das portugiesische Viertel mit vielen kleinen Restaurants. Auf den Landungsbrücken wimmelt es von Touristen, die zu einer Hafenrundfahrt oder zum Schiff-Spotting kommen. Weiter westlich liegt der Alte Elbtunnel, dahinter säumen hippe Strandläden das Elbufer.

6 Insider-Tipps

St. Michaeliskirche

Den Turm von Hamburgs Wahrzeichen erklimmen.

Alter Elbtunnel

Den historischen Tunnel unter der Elbe erkunden.

The Art of Hamburg

Ein Designsouvenir kaufen.

Beatlesplatz

Sich mit „Hamburger" Poplegenden fotografieren lassen.

Toast Bar

In der coolsten Bar von St. Pauli einkehren.

Imbiss bei Schorsch

Eine Kult-Currywurst essen.

- **Sehenswürdigkeiten**
- **Shoppen**
- **Essen & Trinken**
- **100% there**

Sehenswürdigkeiten

① Hamburg hat viele versteckte Innenhöfe. Besonders schön ist der des barocken **Beyling-Stifts** von 1751. 1971 wurden die monumentalen Fassaden des massiven Backsteinbaus und der umliegenden Fachwerkhäuser restauriert, seitdem steht das Gebäude unter Denkmalschutz.
eingang an der neanderstraße 25, geöffnet: innenhof frei zugänglich, u-bahn: rödingsmarkt, st. pauli

② Die barocke **St. Michaeliskirche**, liebevoll "der Michel" genannt, ist das Wahrzeichen Hamburgs und mit ihrem 132 Meter hohen Turm an vielen Stellen in der Stadt sichtbar. Doch auch die Aussicht vom Turm ist atemberaubend. Die Treppe ist eine interessante Alternative zum Aufzug, denn sie erlaubt einen Blick auf den Mechanismus der riesigen Turmuhr (mit einem Durchmesser von acht Metern die größte Deutschlands).
englische planke 1, www.st-michaelis.de, telefon: 040 376780, geöffnet: kirche nov.-apr. 10.00-17.30 (turm bis mindestens 21.00), mai-okt. 9.00-19.30 (turm bis mindestens 23.00), eintritt kirche gratis, turm 5 €, u-bahn: rödingsmarkt, st. pauli

④ Gut versteckt in einem Hof, gleich neben dem Michel, liegen die **Krameramtsstuben**. Dieser Teil der Altstadt blieb wie ein Wunder vom Brand 1842 verschont. Die Kaufmannsgilde ließ diese Fachwerkhäuser einst für Kaufmannswitwen erbauen. Heute befinden sich hier ein kleines Museum, nostalgische Läden, Cafés und Restaurants.
krayenkamp 10, www.hamburg.de/krameramtsstuben, telefon: 040 365800, geöffnet: mueseum apr.-okt. di-so 10.00-17.00, eintritt: museum 3 €, u-bahn: rödingsmarkt, st. pauli

⑦ Hier schlägt das Herz der Stadt: Die **Landungsbrücken** sind nicht nur Verkehrsknotenpunkt, sondern auch die touristische Attraktion Nummer eins. Sie bestehen aus Pontons von 700 Metern Länge, die 1910 gebaut wurden und als Anlegestege für Dampfschiffe dienten. Jetzt legen hier Ausflugsschiffe und Fähren an und ab. Das große Gebäude mit den zwei Kuppeln war früher die Empfangshalle. Der ideale Ort zum Schiff-Spotting.
landungsbrücken, u-bahn/s-bahn: landungsbrücken

⑩ ALTER ELBTUNNEL

(10) Der 426,5 Meter lange **Alte Elbtunnel** war 1911 die erste Flussuntertunnelung Europas. Heute ist es ein nostalgisches und sehenswertes Stück Hamburger Geschichte, das zu Fuß durchquert werden kann. Autos dürfen auch noch durch den Tunnel fahren und werden mit einem Lift nach unten befördert. Von der anderen Seite aus ist der Panoramablick auf die Stadt einfach fantastisch.
bei den st. pauli-landungsbrücken 6, telefon: 0172 5132383, geöffnet: für fußgänger/radfahrer täglich durchgehend geöffnet, für kraftfahrzeuge mo-fr 5.30-20.00, eintritt: fußgänger/radfahrer frei, kfz 2 €, u-bahn/s-bahn: landungsbrücken

(14) Hinter den hohen Toren, die Passanten die Sicht versperren, liegt die **Herbertstraße**, die "verbotene Bordellstraße". Die Sichtblenden wurden 1933 von den Nazis angebracht, als Prostitution streng verboten war, und bis heute nicht mehr entfernt. Neugierige Frauen haben in dieser Straße nichts zu suchen: Sie werden mit Flüchen, Spucken und Wassereimern weggejagt.
herbertstraße, s-bahn: reeperbahn, u-bahn: st. pauli

(18) Die **Große Freiheit** verdankt ihren Namen der einst dort herrschenden religiösen und handwerklichen Freiheit, als die Straße noch nicht zu Hamburg, sondern zur freien Stadt Altona gehörte. Sie ist die berühmte Seitenstraße der Reeperbahn mit dem Beinamen "Geile Meile": Es wimmelt nur so von Stripclubs wie dem Dollhouse. Nummer 39 war früher der Starclub, wo die Beatles ihre ersten Auftritte hatten, bevor sie berühmt wurden.
große freiheit, s-bahn: reeperbahn, u-bahn: st. pauli

(29) Der **Spielbudenplatz** ist von alters her ein Ort des Vergnügens: am Platz liegen das gigantische Erotik-Kaufhaus Boutique Bizarre und die Kulttheater Schmidts Tivoli und St. Pauli, ebenso Deutschlands bekanntestes Polizeirevier, die Davidswache. Es gibt zwei Freiluftbühnen und auf dem Platz dazwischen findet jeden Mittwoch von 16 bis 23 Uhr der St. Pauli Nachtmarkt statt. Im Dezember verwandelt sich der Platz in St. Paulis "geilsten" Weihnachtsmarkt.
reeperbahn, zwischen davidstraße und beim trichter, www.spielbudenplatz.eu, u-bahn: st. pauli

Essen & Trinken

(3) Gegenüber dem Michel liegt **Old Commercial Room**. Das Restaurant ist zwar touristisch, aber dennoch empfehlenswert. Hier gibt es viel zu sehen: Die Wände hängen voll mit Fotos von deutschen Sängern, Schauspielern und Seefahrerlegenden. Manche Tische stehen in Nischen wie auf einem Schiff. Das legendäre, traditionelle Labskaus kann vor Ort verspeist oder in Dosen mit nach Hause genommen werden.
englische planke 10, www.oldcommercialroom.de, telefon: 040 366319, geöffnet: täglich ab 12.00, preis: 22 €, u-bahn: rödingsmarkt, st. pauli

(5) Mitten auf dem Venusberg finden Sie das kleine, nette **Café Johanna**. Hier treffen sich die Leute aus den umliegenden Büros zum Mittagstisch. Empfehlenswert sind die Salate und die Brötchen. Aber werfen Sie auch einen Blick auf die Tafel mit den täglich wechselnden warmen Gerichten. Außer der Terrasse und dem hellen Raum unten gibt es im oberen Stockwerk noch einen Raum mit Tischen. Das Café lohnt den Aufstieg!
venusberg 26, www.cafejohanna.de, telefon: 040 38645278, geöffnet: mo-fr 8.00-18.00, sa 10.00-18.00, preis: 8 €, u-bahn/s-bahn: landungsbrücken

(11) Zwischen Palmenblättern hindurch beobachten, wie ein gigantisches Containerschiff vorbeifährt: ein ganz besonderes Erlebnis. Im **StrandPauli** völlig normal! Diese Strandbar, die sonntags ein herrliches Frühstück anbietet, ist die wahrscheinlich coolste am Elbstrand. Kein Schickimicki, sondern wohltuend entspannt. Und die Aussicht ist phänomenal!
st. pauli hafenstraße 89, www.strandpauli.de, telefon: 0178 5203123, geöffnet: apr.-mai mo-do 11.00-23.00, fr-sa 11.00-0.00, so 11.00-23.00, preis: frühstück 9 €, u-bahn/s-bahn: landungsbrücken

(13) Eines der besten und zugleich bestgetarnten italienischen Restaurants Hamburgs ist das **Cuneo**. Von außen sieht das Restaurant nicht sehr verlockend aus, aber lassen Sie sich nicht davon abschrecken! Innen entpuppt es sich als stilvolles und gemütliches Restaurant mit interessantem Publikum aus der kreativen Szene (das Schmidts Tivoli Theater ist um die Ecke). Reservieren ist allerdings unverzichtbar.
davidstraße 11, www.cuneo1905.de, telefon: 040 312580, geöffnet: mo-sa 17.45-0.30, preis: 13 €, s-bahn: reeperbahn, u-bahn: st. pauli

STRANDPAULI ⑪

⑮ Ein bisschen seltsam, aber durchaus nett: Die kitschige, grün-rosa eingerichtete Bar **Hasenschaukel** ist in St. Pauli eine Institution. Die Atmosphäre ist gemütlich, und besonders die Konzerte sind empfehlenswort. Fast jeden Abend stehen junge Bands, Singer-Songwriter und DJs (hauptsächlich Indie, Soul, Punk) auf dem Programm.
silbersackstraße 17, www.hasenschaukel.de, telefon: 040 18012721, geöffnet: mi-sa ab 21.00, preis: bier 2,50 €, s-bahn: reeperbahn, u-bahn: st. pauli

⑳ TARTERIE

⑯ Partycrashing in der **Drei Zimmer Wohnung**: In dieser Bar fühlt man sich sofort wie auf der Geburtstagsparty eines Kumpels. Hier stehen Sofas, eine Tischtennisplatte und im Schlafzimmer ein Doppelbett. Im Nachtschrank ist sogar eine PlayStation versteckt. Wie bei einer echten Party ist die Küche der Ort des Geschehens. Dort befindet sich – logischerweise – auch die Bar. *talstraße 22, www.drei-zimmer-wohnung.de, telefon: 0160 90361519, geöffnet: täglich ab 20.00, preis: bier 2,50 €, s-bahn: reeperbahn, u-bahn: st. pauli*

(19) Preisgekrönte Cocktails in unprätentiösem Ambiente nippen? Das geht im **Luba Luft**. Trotz des bekannten Barkeepers Benny Braun, Vizeweltmeister im Cocktailmixen, ist die Bar alles andere als snobbish. Die Einrichtung ist echter Flohmarkt-Schick, die Preise sind moderat und zu jedem Getränk gibt es ein erfrischendes Glas Gurkensaft. Die KIEZ Cocktailnacht donnerstags ist besonders zu empfehlen.
am brunnenhof 2-4, www.lubaluft.de, telefon: 0176 48194332, geöffnet: di-sa ab 20.00, preis: cocktail ab 7 €, s-bahn: reeperbahn, u-bahn: st. pauli

(20) In dieser liebevoll eingerichteten kleinen **Tarterie** können Sie mit Blick in die offene Küche ein leckeres Frühstück genießen. Es stehen aber auch Flammkuchen, Quiches, Salate, Kuchen und selbstgemachte Limonade auf der Karte. Der junge Inhaber und Koch der Tarterie arbeitet mit Produkten vom Markt, am liebsten direkt aus Hamburg.
paul-roosen-straße 31, www.tarterie-stpauli.de, telefon: 0175 4941314, geöffnet: di-mi 11.00-18.00, do-fr 10.30-22.00, sa 9.00-22.00, so 9.00-18.00, preis: stück kuchen 3, flammkuchen 9 €, s-bahn: reeperbahn, u-bahn: st. pauli

(21) Die **Weinstube Krug** ist ein Weinlokal mit guter Speisekarte. Wie wäre es mit bayerischem Schweinebraten oder Pasta mit Lammbolognese und Dattelpesto, oder für den kleinen Hunger Brot mit verschiedenen Wurst- und Käsesorten? Dieser Ort mit der zusammengewürfelten Einrichtung und der entspannten Atmosphäre ist in St. Pauli sehr beliebt. Das Publikum kann manchmal etwas laut werden. Wein macht glücklich, das spürt man hier.
paul-roosen-straße 35, www.krug-hamburg.de, telefon: 0151 14075934, geöffnet: mo-sa ab 18.00, preis: 15 €, s-bahn: reeperbahn, u-bahn: st. pauli

(23) Das leicht kitschige, kleine Restaurant **Kuchnia** hat eine übersichtliche Speisekarte mit osteuropäischen Spezialitäten. An einem der wenigen Tische schmecken zum Beispiel Russische Eier mit Kaviar oder hausgemachte Pelmeni (gefüllte Teigtaschen), dazu ein Granatapfelsaft aus Kasachstan, ein polnisches Bier oder eine der vielen Sorten Wodka.
talstraße 87, www.kuchnia-hamburg.de, telefon: 040 8226125, geöffnet: mo-fr ab 17.00, sa-so ab 16.00, preis: mittagessen 10 €, s-bahn: reeperbahn, u-bahn: st. pauli

Tee + Kakao aus Kontrolliert biologischem
und fair gehandelt (mit Biomilch o. Soja)
Espresso/doppelt/verlängert ... 1,60 / 2,20 / 1,90
Latte Macchiato / groß / to Go ... 2,30 / 2,80 / 2,00
Cappuccino/Cortado ... 2,20 / 1,70 Extra Soja 0,30
Säfte aus
als Schorle ... 0,2
Frisch gepr. OrangenSaft
Shake Banana/Mango
24

24

36

(24) **Kaffee Stark** ist ein echtes Wohwillstraßen-Café und wie die Straße selbst für seine relaxte, alternativ-hippe Atmosphäre bekannt. Mit Kaffee oder Rhabarberschorle und einem Biosnack lässt sich hier wunderbar eine Pause vom Sightseeing einlegen.
wohlwillstraße 18, www.kaffeestark.de, telefon: 040 67382060, geöffnet: täglich ab 10.00, preis: mittagessen 7 €, u-bahn: feldstraße, st. pauli

(25) Als wäre die Zeit stehen geblieben: **H. Rönnfeld** ist eine altmodische **Konditorei**, in der die steinalte Inhaberin noch immer hinter der Theke steht und ihre selbstgemachten Brötchen und Kuchen verkauft. Die Wahl fällt fürchterlich schwer. Unbedingt probieren sollte man das Franzbrötchen, eine typische Hamburger Leckerei: ein süßes Brötchen mit Zimt oder Schokolade.
hein-hoyer-straße 52, www.hochzeitstorten-hamburg.de, telefon: 040 313536, geöffnet: mo-fr 6.30-13.00 & 14.00-18.00, sa 6.30-16.00, so 8.00-14.00, preis: franzbrötchen 1 €, u-bahn: feldstraße, st. pauli

(27) Nirgendwo sonst ist das Frühstücksbüfett so lecker und so günstig. Deshalb ist das **Café MAY** auch der Liebling der Hamburger. Insgesamt gibt es sieben Filialen, das Café in St. Pauli liegt jedoch am zentralsten. Die Stimmung ist immer gut, hier gönnen sich die Besucher noch schnell einen Drink, bevor es auf den Kiez zum Abfeiern geht.
hein-hoyer-straße 14, www.may-cafebar.de, telefon: 040 33398838, geöffnet: so-do 7.00-22.00, fr-sa 7.00-3.00 (frühstücksbüfett täglich ab 9.00), preis: frühstücksbüfett mo-fr 5,40 €, sa-so 7,40 €, s-bahn: reeperbahn, u-bahn: st. pauli

(30) Abgewetzte Sofas, altmodische Stehleuchten und abblätternde Wände: **Möwe Sturzflug** ist eine unprätentiöse Wohnzimmerbar mit nostalgischem Flair und *en vogue* in Hamburg. Ganz besondere Getränke, neben den kreativen Cocktails, sind der *Ebbolwoi* (Apfelwein) und der Schnaps aus dem Hause Möwenschiss: ein Glas Genever, abgedeckt mit einer Scheibe Roggenbrot und Meerrettichcreme. Der perfekte Start in den Abend.
clemens-schultz-straße 96, geöffnet: mo-sa 19.00-3.00, preis: cocktail 7,50 €, u-bahn: st. pauli

(33) Für einen guten Burger, eine Currywurst oder Pommes kommen Jung und Alt, Arm und Reich, St.-Pauli-Fan und HSV-Anhänger in die **Kleine Pause**, eine Imbissbude mit Fußball im Fernsehen und leckeren, günstigen Snacks, die von lautstarken Bedienungen in weißen Schürzen serviert werden.
wohlwillstraße 37, www.kleine-pause.de, telefon: 040 4301403, geöffnet: mo-do 7.00-3.00, fr 7.00-5.00, sa 9.00-5.00, so 9.00-2.00, preis: snack 4 €, u-bahn: feldstraße

(34) Die **Toast Bar** ist total basic und vielleicht deshalb so cool. Überall stehen Erdnüsse herum, die Schalen wirft man einfach auf den Boden. Hier gibt es neben vielen verschiedenen Whiskysorten auch original bayerisches Augustinerbier und Tannenzäpfle aus dem Schwarzwald. Die Anwohner sind sehr stolz auf diese Bar – zu Recht.
wohlwillstraße 54, www.toast-bar.de, telefon: 040 43182339, geöffnet: täglich ab 20.00, preis: bier 3 €, u-bahn: feldstraße

(35) **Nil** ist ein Klassiker: ein wunderbares Restaurant in einem ehemaligen Kaufhaus mit vier Räumen auf verschiedenen Ebenen. Die Einrichtung ist eine Mischung aus Fünfzigerjahre-Schick und modernem Design, das Essen kann als hochwertiges, mediterranes Crossover bezeichnet werden. Sonntags gibt es unter anderem das Projekt Abendbrot: ein 3-Gänge-Überraschungsmenü für 25 Euro.
neuer pferdemarkt 5, www.restaurant-nil.de, telefon: 040 4397823, geöffnet: mi-mo 18.00-22.30, preis: 22 €, überraschungsmenü an sonntagen 25 € (mindestens 4 personen), u-bahn: feldstraße

(36) Schon seit 1963 treffen sich Promis und Normalbürger im **Imbiss bei Schorsch**, um Currywurst mit Kartoffelsalat zu essen. Ein Imbiss mit Kultstatus. Der winzig kleine Laden ist für seine selbstgemachte scharfe Tomatensauce bekannt (ein Geheimrezept). Unbedingt probieren!
beim grünen jäger 14, www.imbiss-bei-schorsch.de, telefon: 040 43091925, geöffnet: mo-fr 10.30-1.30, sa 12.00-1.30, preis: snack 2,50 €, u-bahn: feldstraße

CAFÉ MAY 27

Shoppen

(6) Für echte Hamburgfans ist **The Art of Hamburg** ein Muss. Geschirr, Kissen, T-Shirts, Strampler und Kunstdrucke in limitierter Auflage wurden von örtlichen Designern mit Hamburg-Motiven gestaltet. Es gibt eine zweite Filiale in der Langen Reihen 48 im St. Georgs-Viertel.
ditmar-koel-straße 19, www.the-art-of-hamburg.de, telefon: 040 41424419, geöffnet: mo-sa 11.00-19.00, u-bahn/s-bahn: landungsbrücken

(22) Das junge Label **dekoop** designt bezahlbare Produkte für Leute, die sich sowohl im Alltag als auch bei der Arbeit gerne mit schönen Dingen umgeben. Hier gibt's praktische, stilvolle Gegenstände. Die Klassiker sind der Heimatschlüsselanhänger und die Smartphonehüllen aus Filz sowie das Stadtlicht (ein Teelichthalter mit der Skyline der Stadt).
paul-roosen-straße 28, www.dekoop.de, telefon: 040 40167587, geöffnet: mo-fr 10.00-18.00, s-bahn: reeperbahn, u-bahn: st. pauli

(26) Im **Vergizzmeinnicht** haben Hamburger Designer ihre ganze Kreativität gebündelt. Der kleine Designladen mit Atelier liegt im Souterrain und verkauft Praktisches und Dekoratives für die ganze Familie, natürlich alles handgemacht: Tücher, Geschirr, Schmuck und Kuscheltiere, Babybodys und feinste tragbare Lautsprecher der Marke Sound Pauli. Regelmäßig stellen hier neue Künstler und Fotografen ihre Werke aus.
simon-von-utrecht-straße 86, www.vergizzmeinnicht.de, telefon: 040 48509463, geöffnet: di-sa 12.00-19.00, s-bahn: reeperbahn, u-bahn: st.pauli

(28) **Strips & Stories** ist ein Laden voller Comics und Bildromane, es gibt aber auch eine Ecke mit schönen Büchern zu Kultur, Politik, Kunst, Hamburg und St. Pauli. Das Herumstöbern macht hier richtig Spaß. Der Laden zieht viele kreative Leute an, ab und zu finden auch Partys oder kleine Auftritte statt.
seilerstraße 40, www.strips-stories.de, telefon: 040 38074009, geöffnet: di-fr 12.00-19.30, sa 11.00-18.00, s-bahn: reeperbahn, u-bahn: st. pauli

STRIPS & STORIES ⑳

(31) Bevor Kathrin **Musswessels** 2010 ihre Boutique Musswessels eröffnete, arbeitete sie für die Marken Herr von Eden und Marc Aurel. Die bildhübsche Modedesignerin verkauft ihre eigene schicke, schlichte Kollektion und sorgsam ausgewählte Vintage-Stücke, hauptsächlich für Damen. Aber auch Herren werden hier fündig. Ein echtes Stil-Highlight in St. Pauli.
clemens-schultz-straße 29, www.musswessels.org, telefon: 0176 22780639, geöffnet: mo-fr 12.00-19.00, sa 11.00-18.00, u-bahn: st. pauli

St. Pauli

SPAZIERGANG 6 (ca. 8 km)

Von der U-Bahn-Station St. Pauli, Ausgang Heiligengeistfeld, auf den Millerntorplatz. Schräg vor Ihnen liegt das Bismarck-Denkmal. Geradeaus und dann links in die Neanderstraße, den Innenhof ansehen (1). Zurückgehen und geradeaus in die Englische Planke (2). Um die Kirche herum (3) in den Krayenkamp und bei Nummer 10 in die Gasse einbiegen (4). Ein Stück zurückgehen, dann links die Treppe hinunter und rechts den Venusberg hoch (5). Danach schräg gegenüber die Treppe hinunter und in die Reimarusstraße einbiegen, dann die erste Straße rechts in die Ditmar-Koel-Straße (6) bis zum Wasser (7). Einen Blick auf den Hafen werfen (8). Landratten gehen rechts die grüne Treppe hinauf, über die Brücke und links weiter nach oben (9). Zurück nach unten gehen, an der Kreuzung links halten (10). Bei Sommerwetter ab auf die Terrasse an der Strandbar (11). Sonst die Straße überqueren und dem schmalen Fußweg nach oben folgen (12). Weiter durch die Davidstraße (13) (14). Links in die Friedrichstraße, geradeaus über den Hans-Albers-Platz, benannt nach dem berühmten Schauspieler und Sänger, der 1960 starb. Die Balduinstraße entlang, bis sie zur Silbersackstraße wird (15). Dann bis zur Reeperbahn. In der Talstraße gegenüber liegt eine nette Adresse fürs Abendprogramm (16). Links hinunter zum Beatles-Platz (17) und in die Große Freiheit (18). In der Paul-Roosen-Straße kurz nach links (19) (20) (21) (22) und dann in die andere Richtung zum polnischen Lokal in der Talstraße (23). Dann links in die Wohlwillstraße (24). Am kleinen Platz rechts abbiegen und gleich wieder rechts in die Hein-Hoyer-Straße (25) (26) (27). An der Seilerstraße nach links (28) und dann rechts in die Detlev-Bremer-Straße. Auf der Reeperbahn nach links (29). Am Hotel Imperial links in die Kleine Seilerstraße, danach links in die Simon-von-Utrecht-Straße. Rechts in die Detlev-Bremer-Straße, dann links in die Clemens-Schultz-Straße zu einem netten Café (30). Weiter gehen (31) und dann rechts, wieder zurück in die Hein-Hoyer-Straße und links über den Paulinenplatz. Geradeaus weiter wartet ein besonderes Kino (32) oder gleich rechts in die Wohlwillstraße (33) (34) abbiegen. Am Platz stilvoll zu Abend essen (35) oder für einen echten Kult-Snack zum Imbiss bei Schorsch (36).

Ziel
Start
SPAZIERGANG 1
SPAZIERGANG 3
SPAZIERGANG 5
SPAZIERGANG 6
Heiligen-
geistfeld
Große
Wall-
anlagen
Kleine
Wall-
anlagen
Alter
Elbpark
Norderelbe
Feldstraße
(Heiligengeistfeld)
Uebel und Gefährlich
Messehallen
Millerntor-Stadion
Laeiszhalle
Musikhalle
Hamburg
Kellertheater
Hamburg
Fliegende Bauten
Hamburg
Museum
Museum für
Hamburgische
Geschichte
Brahms-
Museum
St. Pauli
Neues Theater
Royal Theater
Imperial Theater
TUI Operettenhaus
Reeperbahn
St.Pauli Theater
Schmidts Theater
Skt. Pauli
Museum
Bismarck-
Denkmal
Landungsbrücken
DOHRNWEG
WOHLERS ALLEE
ADOLPHPASSAGE
LERCHENSTIEG
LERCHENSTRASSE
THADENSTRASSE
BERNSTORFFSTRASSE
OTZENSTRASSE
WINKLERS PLATZ
SCHEPLERSTRASSE
GERRITSTRASSE
GILBERTSTRASSE
BLEICHERSTRASSE
AM BRUNNENHOF
BEIM GRÜNEN JÄGER
NEUER PFERDEMARKT
BUDAPESTER STRASSE
ANNENSTRASSE
HEIN-HOYER-STRASSE
WOHLWILLSTRASSE
CLEMENS-SCHULTZ-STRASSE
KLEINE FREIHEIT
HOLSTENSTRASSE
TALSTR.
SCHMUCKSTRASSE
GROSSE FREIHEIT
HAMBURGER BERG
RENDSBURGER STR.
DETLEV-BREMER-STRASSE
SIMON-VON-UTRECHT-STRASSE
SEILERSTRASSE
REEPERBAHN
AUGUSTENPASSAGE
BECKSTRASSE
STERNSTRASSE
MARKTSTRASSE
LAEISZSTRASSE
GRABENSTRASSE
KAROLINENWEG
KAROLINENPASSAGE
KAROLINENSTRASSE
ÖLMÜHLE
NEUER KAMP
FELDSTRASSE
KAROLINENPLATZ
HOLSTENGLACIS
BEI DEN KIRCHHÖFEN
SIEVEKINGPLATZ
GORCH-FOCK-WALL
GLACISCHAUSSEE
HEILIGENGEISTFELD
HOLSTENWALL
PILATUSPOOL
KURZE STRASSE
KAISER-WILHELM
BREITER GANG
KOHLHÖFEN
NEANDERSTRASSE
HÜTTEN
NEUER STEINWEG
ALTER STEINWEG
LUDWIG-ERHARD-STRASSE
ENGLISCHE PLANKE
KRAYENKAMP
TEILFELD
MARTIN-LUTHER-STRASSE
BÖHMKENSTRASSE
SEEWARTENSTRASSE
VENUSBERG
ANBERG
KOHLHÖFE
HEXENBERG
PEPERMÖLENBEK
HERRENWEIDE
LINCOLNSTRASSE
HANS-ALBERS-PLATZ
BALDUINSTRASSE
KASTANIENALLEE
HOPFENSTRASSE
DAVIDSTRASSE
ERICHSTR.
BERNHARD-NOCHT-STRASSE
LANGE STRASSE
PINNASBERG
ST. PAULI HAFENSTRASSE
ST. PAULI FISCHMARKT
BRÜCKE 10
BEI DER ERHOLUNG
ST. PAULI ELBTUNNEL
BEIM TRICHTER
ZIRKUSWEG
AM ELBPARK
HELGOLÄNDER ALLEE
AM ELBPAVILLON
HAFENTOR
KUHBERG
EICHHOLZ
DITMAR-KOEL-STRASSE
KARPFANGERSTRASSE
JOHANNISBOLLWERK
WOLFGANGSWEG
STUBBENHUK
Baumwall
= Sehenswürdigkeiten
= Essen & Trinken
= Shoppen
= 100% there
0
150 m

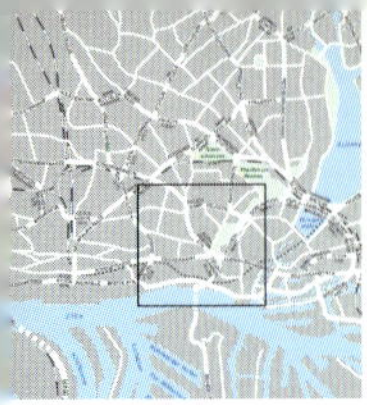

1. Beyling-Stift
2. St. Michaeliskirche
3. Old Commercial Room
4. Krameramtsstuben
5. Café Johanna
6. The Art of Hamburg
7. Landungsbrücken
8. Große Hafenrundfahrt
9. Aussichtpunkt auf dem Stintfang
10. Alter Elbtunnel
11. StrandPauli
12. 20up Skybar
13. Cuneo
14. Herbertstraße
15. Hasenschaukel
16. Drei Zimmer Wohnung
17. Beatlesplatz
18. Große Freiheit
19. Luba Luft
20. Tarterie
21. Weinstube Krug
22. dekoop
23. Kuchnia
24. Kaffee Stark
25. Konditorei Holger Rönnfeld
26. Vergizzmeinnicht
27. Café MAY
28. Strips & Stories
29. Spielbudenplatz
30. Möwe Sturzflug
31. Musswessels
32. B-Movie
33. Kleine Pause
34. Toast Bar
35. Nil
36. Imbiss bei Schorsch

Weitere Sehenswürdigkeiten

Wer den Spaziergängen des 100% Cityguides folgt, wird die schönsten Sehenswürdigkeiten automatisch entdecken. Aber Hamburg hat natürlich noch mehr zu bieten. Hier folgen ein paar weitere Tipps. Die Buchstaben der Sehenswürdigkeiten finden Sie auf der Übersichtskarte vorne im Buch.

(M) Südlich der Elbe liegt ein Auengebiet von über dreißig Kilometern Breite: das **Alte Land** mit der größten Streuobstwiese Deutschlands. Im Mai ist es hier am schönsten. Dann blühen die Kirsch- und Apfelbäume, und die Landschaft hinter dem Deich ist in ein üppiges, weißes Blütenmeer getaucht. Die schönsten Dörfer sind Neuenfelde, Jork, Borstel und Steinkirchen mit ihren roten Backsteinhäusern, weißem Fachwerk und Reetdächern, verbunden durch idyllische Brücken. Dorthin gelangt man zwar auch mit dem Auto, schöner ist es jedoch mit dem Fahrrad, das auf der Fähre oder in der S-Bahn mitgenommen werden kann.
www.tourismus-altesland.de, s-bahn: buxtehude, fähre: 62 finkenwerder

(N) **Blankenese** ist ein herrlich direkt an der Elbe gelegener Stadtteil von Hamburg. Sehenswert ist vor allem das Treppenviertel: Die hübschen kleinen Fischerhäuser liegen auf Terrassen am Hang und sind über ein Wirrwarr von Wegen und Treppen miteinander verbunden. Für ein romantisches Abendessen bietet sich das Restaurant Süllberg (*www.suellberg-hamburg.de*) am höchsten Punkt von Blankenese an. Nach Blankenese kommt man mit dem Rad oder der S-Bahn, oder über die schönen Wege am Wasser.
www.blankenese.de, s-bahn: blankenese, nächste anlegestelle: teufelsbrück (fähre 64, via 62)

(O) Noch romantischer als im Film: Candlelight-Schwimmen im **Holthusenbad**. In diesem prächtigen Jugendstilschwimmbad gehen (von September bis April) jeden Freitag von 20.00 bis 22.00 Uhr im Thermalbad die Lichter aus und die Kerzen an. Außerdem gibt es ein beheiztes Außenbad, ein Wellenbad sowie ein Wellnesszentrum mit Sauna. Für einen Badetag in einer ganz besonders stimmungsvollen Atmosphäre.
goernestraße 21, www.baederland.de, telefon: 040 188890, geöffnet: täglich mai-aug. 9.00-22.00, sept.-apr. 9.00-23.00, eintritt: 10 € (für den ganzen tag, ohne sauna), sauna inkl. 16,50 €, u-bahn: kellinghusenstraße

Ⓟ Mit der Fähre nur eine Station vom Fischmarkt entfernt liegt der **Elbstrand**. Zehen in den Sand und abschalten! Hier gibt es eine gute Auswahl an Restaurants mit Terrassen, doch noch schöner ist es, es wie die Hamburger zu machen und den Strand entlang bis zur Strandperle (*www.strandperle-hamburg.de*) oder zum Strandkiosk (*www.strandkiosk-hamburg.de*) zu laufen. Schon seit den Siebzigerjahren sind diese beiden netten Strandbars "the place to be". Lust auf einen Spaziergang oder eine Radtour? Der Weg oben führt bis Blankenese, vorbei an tollen Häusern mit Veranden, viel Grün und Blick auf die Containerriesen auf der Elbe.
bus: 112, fähre: 62 neumühlen/övelgönne

Ⓠ Im alten Wasserturm mitten im Stadtpark liegt das **Planetarium**, eines der bedeutendsten Astronomiezentren Europas. Dort werden unter anderem spektakuläre 3-D-Simulationen, gut aufbereitete Dokumentationen und Projektionen des Sternenhimmels gezeigt: ein Erlebnis für Groß und Klein. Der Aussichtspunkt in über 42 Metern Höhe bietet einen herrlichen Blick über den Stadtpark, Hamburgs größten Park mit Naturbad, Grillwiesen, Sportplätzen, einem Freilufttheater und einem Biergarten.
otto-wels-straße 1 (im stadtpark), www.planetarium-hamburg.de, telefon: 040 42886520, geöffnet: mo-di 9.00-17.00, mi-do 9.00-21.00, fr 9.00-22.00, sa 12.00-22.00, so 10.00-20.00, eintritt: 10 €, u-bahn: hudtwalckerstraße, borgweg

Ⓡ Hügelige Wiesen, ein See, riesige Kastanienbäume und genügend Plätze zum Picknicken oder Abschalten. In den englischen Gärten des **Jenischparks** lässt es sich gut aushalten. Der Park liegt zwischen Hamburg und Blankenese, direkt am Wasser, und ist zu Fuß, mit dem Fahrrad oder mit öffentlichen Verkehrsmitteln erreichbar.
www.jenischparkverein.de, preis: eintritt: frei, s-bahn: klein flottbek, bus: 115 marxenstraße/hochrad, 286 holztwiete, fähre: 64 teufelsbrück (via 62)

Ausgehen

Das Rezept für eine perfekte Nacht in Hamburg ist eigentlich ganz einfach: Zum Auftakt genießt man ein Getränk in einer der unzähligen Bars im lebhaften Schanzenviertel, dann geht es weiter zur Reeperbahn, wo so richtig gefeiert wird und zum Abschluss gibt es auf dem Fischmarkt einen deftigen Imbiss, einen letzten Drink und dazu einen schönen Sonnenaufgang am Wasser.

Hamburg hat auch für Kulturliebhaber jede Menge zu bieten. Musical, Oper, Theater, Film, Musik und Tanz – hier kommt jeder auf seine Kosten. Informationen gibt es in den beiden Stadtmagazinen online unter *www.szene-hamburg.de* und *www.hamburg.prinz.de* oder Sie kaufen sich die Printausgabe.

Hamburg hat viele richtig gute Clubs, eine Auswahl der besten finden Sie hier. Die Eintrittspreise variieren je nach Wochentag und sind auch davon abhängig, ob es einen DJ oder Bandauftritt gibt. Deshalb werden die Preise nicht im Guide aufgeführt, sie liegen etwa zwischen 3 € und 15 €. In den Bars im Schanzenviertel und auf dem Hamburgerberg ist der Eintritt frei.

(S) Auf und an der schillernden **Reeperbahn** wimmelt es nur so von Clubs. Doch sollte man ungefähr wissen, wo man hin will, um nicht im Angebot zu ersticken. Der Hamburger Berg ist eine Seitenstraße mit hippem Publikum und vielen Kneipen, von denen Rosi's Bar, Barbarabar, Sommersalon und Parzelle die angesagtesten sind. Außerdem gibt es Clubs mit mehreren Etagen wie den Noho Club (Nobistor 10) und die China Lounge (Nobistor 14). Für Fans von Funk und Soul gibt es den Hörsaal (Talstraße 14), für Hiphop-Freunde den Neidklub und im Baalsaal (beide Reeperbahn 25) kann man zu Elektro-House-Musik tanzen.
reeperbahn, s-bahn: reeperbahn, u-bahn: st. pauli

(T) Der **Golden Pudel Club** erlangte in den Achtzigerjahren Berühmtheit als Undergroundclub. Das Holzhaus an der Elbe ist trotz des Zustroms von Touristen noch immer ein Treffpunkt der Subkultur und konnte sich seinen antikommerziellen und engagierten Charakter bewahren. Hier wird zu experimenteller Musik von internationalen Underground-DJs getanzt.
st. pauli fischmarkt 27, www.pudel.com, telefon: 040 31979930, geöffnet: täglich ab 22.00, u-bahn/s-bahn: landungsbrücken, s-bahn: reeperbahn

SINGLETON
OBAN
GORDON'S
LONDON DRY GIN
HENDRICK'S
GIN
Tanqueray
SAFFRON
Tullamore Dew
IRISH WHISKEY
JAMESON
JAMESON
12
BLACK LABEL
RARE
Canadian Club
SCOTCH WHISKY
MARTINI
MARTINI
BIANCO
MARTINI
ROSSO
MARTINI
APEROL
CAMPARI
CYNAR
RAMAZZOTTI
RAMAZZOTTI
PIMM'S

Ⓢ REEPERBAHN

Ⓤ **Übel & Gefährlich** ist zwar nicht Hamburgs Club Nr. 1, doch ein Hochbunker als Location macht was her. Das Programm besteht aus einer bunten Mischung von Konzerten, Elektropartys, Hiphop-Blockpartys, Lesungen und Poetry-Slams. Der Club liegt in der obersten Etage, im Sommer lümmelt man auf der Dachterrasse herum und genießt die großartige Aussicht auf Hamburg by Night.
feldstraße 66, www.uebelundgefaehrlich.com, telefon: 0175 38276469, geöffnet: vom programm abhängig, u-bahn: feldstraße

(V) Im **Waagenbau** kommen Reggae-, Hiphop-, Elektro- und Technofans auf ihre Kosten. Der Club liegt am Rand des Schanzenviertels unter einer Eisenbahnbrücke. Getanzt wird drinnen unter den Brückengewölben, was für echtes Underground-Feeling sorgt.
max-brauer-allee 204, www.waagenbau.com, telefon: 040 24420509, geöffnet: mo-mi & fr-sa ab 23.00, s-bahn: holstenstraße, u-bahn/s-bahn: sternschanze

(W) Nach zehnjähriger Pause ist der **Mojo Club** wieder zurück auf der Reeperbahn, in den unübersehbaren "Tanzenden Türmen". Während der 90er avancierte der Mojo Club wegen seiner von Jazz, Soul und Bossa nova inspirierten Clubmusik zur internationalen Institution. Durch zwei Deckel im Boden mit dem kennzeichnenden "M" geht es über gewundene Treppen hinunter in den legendären Club. Unbedingt hingehen!
reeperbahn 1, www.mojo.de, telefon: 040 3191999, geöffnet: vom programm abhängig, ab 20.00 , zutritt ab 21 jahren, u-bahn: st.pauli

(X) Der Musikclub **Grüner Jäger** ist irgendwie schräg aber gemütlich. Im ehemaligen Gasthaus ist die Stimmung ungezwungen und fröhlich, am Wochenende stürmen Indie-, Hiphop-, und Elektrofans auf die kleine Tanzfläche. Sonntags läuft hier um 20.15Uhr der Tatort und es wird eifrig "Mörderraten" gespielt.
neuer pferdemarkt 36, www.gruener-jaeger-stpauli.de, telefon: 040 31814617, geöffnet: di-do ab 21.00, fr-sa ab 22.00, so ab 20.15, u-bahn: feldstraße

(Y) Bei **Frau Hedi's** wird auf einem der drei fahrenden Schiffe namens Claudia, Christa und Irma gefeiert. Jedes bietet eine andere Musikrichtung, aber auf allen ist der Teufel los. Einmal pro Stunde wird angelegt, um dem Gleichgewichtssinn etwas Ruhe zu gönnen.
landungsbrücken, brücke nr. 10, www.frauhedi.de, telefon: 0176 83061071, geöffnet: abfahrt um 17.00, u-bahn/s-bahn: landungsbrücken

(Z) Alle lieben das **Schulterblatt**, denn hier ist immer etwas los. An Ausgehmöglichkeiten herrscht kein Mangel, man fällt von der einen netten Kneipe in die andere. Absolut zu empfehlen sind BP1 (Nr. 74), Daniela Bar (Nr. 86), Café Katze (Nr. 88), Die Herren Simpel (Nr. 75), Kulturhaus Dreiundsiebzig (Nr. 73), Saal II (Nr. 83) und Club le Fonque (Juliusstraße 33).
schulterblatt, u-bahn/s-bahn: sternschanze

Alphabetischer Index

Thematischer Index

hotels

sehenswürdigkeiten

shoppen

Impressum

Dieser 100% Cityguide wurde mit größter Sorgfalt zusammengestellt. mo media GmbH ist nicht verantwortlich für eventuelle inhaltliche Fehler. Anmerkungen und/oder Kommentare können Sie gern an **mo media GmbH, Steinstraße 15, 10119 Berlin** oder **info@momedia.com** richten.

autorin
simone smit (1. und 2. auflage)

fotografie
marjolein den hartog
foto s. 40: 'untitled' (marc brandenburg) und 'che' (gavin turk), sammlung falckenberg
foto nr. 7 city-map: mutterland

übersetzung
heike baryga (aktualisierung),
ulrike sawicki (für bookwerk)

lektorat
annekatrin heuer (aktualisierung),
ulrike grafberger

schlussredaktion
annette siegel, mo media

konzeptgestaltung
studio 100%

gestaltung
mastercolors mediafactory

kartografie
van oort redactie en kartografie

100% hamburg
isbn 978-3-943502-76-3

aktualisierte neuauflage, september 2014

100% CITYGUIDES

100% TRAVELGUIDES

Ausführliche Informationen zum 100% Programm finden Sie auch auf unserer Homepage unter **www.100travel.de**

Meine 100% Geheimtipps (Notizen und Ideen)

Folge uns auf Facebook, Twitter, Pinterest und teile Deine eigenen 100% Tipps!

Mehr zu 100% unter: **www.100travel.de**

100% HAMBURG

SPAZIERGANG 1: ALTSTADT, NEUSTADT & ST. GEORG

Das Zentrum Hamburgs präsentiert sich mit stolzen Gebäuden, Luxuseinkaufsstraßen, guten Restaurants, der schönen Alster und vielen Museen. Es bietet aber auch Überraschungen wie St. Georg, das quirlige Schwulenviertel mit vielen gemütlichen Kneipen.

SPAZIERGANG 2: HAFENCITY & SPEICHERSTADT

Ein größerer Kontrast zwischen zwei Vierteln ist kaum denkbar: das ultramoderne, gigantische Bauprojekt Hafencity und gegenüber die alte Speicherstadt mit ihren historischen Lagerhäusern. Was beide verbindet, sind die schönen Uferpromenaden und eine urban-maritime Atmosphäre.

SPAZIERGANG 3: SCHANZENVIERTEL & KAROLINENVIERTEL

Das Schanzenviertel gehört zum hippen Hamburg. Hier brodelt das Leben in zahllosen Bars und Cafés. Trotz der Kommerzialisierung ist die alternativ-linke Szene um die Rote Flora noch immer präsent. Das Karolinenviertel ist kreativ, weniger touristisch und voller hübscher Läden.

SPAZIERGANG 4: EIMSBÜTTEL, EPPENDORF, HARVESTEHUDE & ROTHERBAUM

Hier liegen die schicken Wohnviertel mit weißen, herrschaftlichen Häusern, aber auch die Universität. Keine typische Touristengegend, aber deshalb umso netter. Es wimmelt hier von exklusiven Geschäften und tollen Kneipen.

SPAZIERGANG 5: ALTONA & OTTENSEN

Altona lockt mit dem Elbufer, dem spektakulären Fischmarkt, vielen Fischrestaurants und dem Altonaer Balkon mit seiner grandiosen Aussicht. Zwischen den jungen Kreativen im aufstrebenden Ottensen gibt es ausgefallene Läden und angesagte Bars zu entdecken.

SPAZIERGANG 6: ST. PAULI

Auf der berüchtigten Reeperbahn, die niemals schläft, tobt das wilde Nachtleben. Dieses alte Seemannsviertel ist alternativ, politisch und kreativ. Gleich um die Ecke liegt die Elbe mit den berühmten Landungsbrücken sowie Horden von Touristen, die sich hier zur Hafenrundfahrt einschiffen.

100% HAMBURG

Hamburg, meine Perle: Die Einheimischen wissen es schon lange, aber für viele ist diese Perle noch ziemlich unbekannt. Es gibt so viel zu entdecken, doch wo fängt man am besten an? Natürlich gehören der "Michel", also die Kirche St. Michaelis, eine Hafenrundfahrt, traditionelle Seemannskost und ein langer Abend auf der Reeperbahn dazu. Aber auch ein Bummel durch das spannende Ottensen, ein morgendlicher Besuch des Fischmarkts und eine romantische Bootsfahrt auf der Alster sind sehr zu empfehlen.
100% Hamburg zeigt Ihnen, was Sie auf keinen Fall verpassen sollten. Sightseeing & Shopping, Ausgehen & Abenteuer – die übersichtlichen Stadtpläne weisen Ihnen den Weg.

AUF 6 SPAZIERGÄNGEN 100% HAMBURG ERLEBEN.